Descubra Juegos Gratis Online

Disponibles Aquí:

BestActivityBooks.com/FREEGAMES

5 CONSEJOS PARA EMPEZAR

1) CÓMO RESOLVER LAS SOPA DE LETRAS

Los rompecabezas tienen un formato clásico:

- Las palabras se ocultan sin espacios ni guiones,...
- Orientación: Las palabras pueden escribirse hacia delante, hacia atrás, hacia arriba, hacia abajo o en diagonal (pueden estar invertidas).
- Las palabras pueden superponerse o cruzarse.

2) APRENDIZAJE ACTIVO

Junto a cada palabra hay un espacio para anotar la traducción. Para fomentar un aprendizaje activo, un **DICCIONARIO** al final de esta edición te permitirá comprobar y ampliar tus conocimientos. Busca y anota las traducciones, encuéntralas en el puzzle y añádelas a tu vocabulario!

3) MARCAR LAS PALABRAS

Puedes inventar tu propio sistema de marcado. ¿Quizás ya usas uno? También puedes, por ejemplo, marcar las palabras difíciles de encontrar con una cruz, las que te gustan con una estrella, las nuevas con un triángulo, las raras con un diamante, etc.

4) ESTRUCTURAR EL APRENDIZAJE

Esta edición ofrece un **CUADERNO DE NOTAS** muy práctico al final del libro. En vacaciones, de viaje o en casa, podrás organizar fácilmente tus nuevos conocimientos sin necesidad de un segundo cuaderno!

5) ¿HABÉIS TERMINADO TODAS LAS PARRILLAS?

En las últimas páginas de este libro, en la sección **DESAFÍO FINAL**, encontrarás un juego gratis!

¡Rápido y sencillo! Echa un vistazo a nuestra colección de libros de actividades para tu próximo momento de diversión y aprendizaje, ¡a sólo un clic de distancia!

Encuentre su próximo reto en:

BestActivityBooks.com/MiProximoLibro

En sus marcas, listos, ¡Ya!

¿Sabías que hay unas 7.000 lenguas diferentes en el mundo? Las palabras son preciosas.

Nos encantan los idiomas y hemos trabajado duro para crear libros de la más alta calidad para tí. ¿Nuestros ingredientes?

Una selección de temas adecuados para el aprendizaje, tres buenas porciones de entretenimiento, y luego añadimos una cucharada de palabras difíciles y una pizca de palabras raras. Los servimos con cariño y máxima diversión para que puedas resolver los mejores juegos de palabras y te diviertas aprendiendo!

Tu opinión es esencial. Puedes participar activamente en el éxito de este libro dejándonos un comentario. Nos encantaría saber qué es lo que más le ha gustado de esta edición.

Aquí hay un enlace rápido a tu página de pedidos:

BestBooksActivity.com/Opiniones50

Gracias por tu ayuda y diviértete!

Todo el equipo

1 - Arqueología

```
S  E  S  P  E  R  T  O  R  Y  X  Y  G  D  Z  A
T  C  K  B  U  Z  W  D  C  E  L  I  S  S  O  F
E  R  O  S  S  E  F  O  R  P  L  S  N  C  Q  T
P  X  I  N  G  K  C  C  D  W  M  I  A  O  O  O
M  Y  P  J  O  G  C  R  K  C  X  N  Q  N  N  M
C  O  M  P  W  S  K  U  T  A  W  N  T  U  C  B
F  T  E  B  A  P  C  H  A  F  M  A  R  E  I  A
A  A  T  D  E  N  O  I  Z  A  T  U  L  A  V  A
X  C  A  Z  N  L  T  S  U  M  I  S  T  E  R  O
C  I  V  I  L  T  À  I  T  T  E  G  G  O  S  G
E  T  W  M  S  A  I  L  C  F  O  N  M  S  C  G
X  N  Q  C  T  E  M  A  N  H  M  L  J  I  S  U
I  E  G  S  R  U  K  N  Z  E  I  R  F  T  F  Z
C  M  U  W  A  R  D  A  U  Q  S  T  F  N  L  H
R  I  C  E  R  C  A  T  O  R  E  Y  À  M  H  B
W  D  I  S  C  E  N  D  E  N  T  E  O  S  S  A
```

ANALISI	FOSSILE
ANTICHITÀ	OSSA
ANNI	RICERCATORE
CIVILTÀ	MISTERO
DISCENDENTE	OGGETTI
SCONOSCIUTO	DIMENTICATO
SQUADRA	PROFESSORE
ERA	RELIQUIA
VALUTAZIONE	TEMPIO
ESPERTO	TOMBA

2 - Granja #2

```
M B A T N O P L B G B P N F I V
F C G K L J A U A R T M A I R E
Y I R C N Z S D R M L D R E R R
B B I D W T T X T Q A C G N I D
E O C U Q Y O T A R P H I I G U
J R O L C R R J N D D P H L A R
B S L B A C E R A E V L A E Z A
W B T E D T T R A T T O R E I Q
K O O T E T T U R F P Z D P O E
O Q R X O N R E B C E R A E N A
N F E L T O C F W X C O G D E N
Q P L I K C G S A C O A N T E I
D Z C A T T U R F F R L E K P M
C K X H O O S I A M A O L D J A
Y R M K Z A E A Y N K T L M K L
R S I M C E Q Y S U O Q O B J I
```

AGRICOLTORE
ANIMALI
ORZO
ALVEARE
CIBO
AGNELLO
FRUTTA
FIENILE
FRUTTETO
LATTE

LAMA
MAIS
PECORA
PASTORE
ANATRA
PRATO
IRRIGAZIONE
TRATTORE
GRANO
VERDURA

3 - La Empresa

```
E U P P S A B B Q I W P Q D I J
P W A O S A L A R I Q R U E I B
W R U E S R O S I R S O A C W R
N E E S M S N X U Z F G L I G E
C W Z S F Y I H C S I R I S I P
B R N G E L A B O L G E T I N U
S N E P M N A W I U T S À O V T
Q X D A J O T Q R L H S W N E A
M H N I T T X A J K I O N E S Z
U N E R S I Y I Z L O T J I T I
Q I T T G D V U Z I O F À Z I O
D A F S M D H O O B O Y G X M N
F C R U Y E M Q Y Q W N H G E E
Q Z O D P R O D O T T O E R N K
Y S U N I N N O V A T I V O T B
E N O I Z A P U C C O C H N O C
```

QUALITÀ
CREATIVO
DECISIONE
OCCUPAZIONE
GLOBALE
INDUSTRIA
REDDITO
INNOVATIVO
INVESTIMENTO

POSSIBILITÀ
PRESENTAZIONE
PRODOTTO
PROGRESSO
RISORSE
REPUTAZIONE
RISCHI
SALARI
TENDENZE

4 - Aviones

```
C  L  N  C  C  A  R  B  U  R  A  N  T  E  A  A
P  I  P  L  O  S  G  U  D  F  F  G  H  N  T  T
A  Z  E  E  S  S  E  G  N  A  E  I  X  I  T  M
L  U  A  L  E  K  T  X  H  O  H  S  N  D  E  O
L  P  H  N  O  G  N  R  B  X  B  E  U  U  R  S
O  C  A  A  R  I  A  H  U  W  F  D  A  T  R  F
N  C  R  S  R  Q  R  D  X  Z  Z  Q  X  I  A  E
C  B  U  A  S  R  K  E  N  M  I  R  S  T  G  R
I  W  T  L  Q  E  T  C  C  O  O  O  I  L  G  A
N  D  N  T  B  D  G  U  E  R  G  I  N  A  I  H
O  X  E  E  O  I  G  G  A  P  I  U  Q  E  O  X
X  L  V  Z  I  Z  C  Z  E  M  O  T  O  R  E  B
U  Y  V  Z  H  Z  N  D  E  R  P  I  L  O  T  A
D  U  A  A  S  T  O  R  I  A  O  T  J  Y  A  A
S  D  I  R  E  Z  I  O  N  E  E  L  I  C  H  E
I  D  R  O  G  E  N  O  G  W  I  Q  E  H  R  I
```

ARIA	DESIGN
ALTITUDINE	PALLONCINO
ALTEZZA	ELICHE
ATTERRAGGIO	IDROGENO
ATMOSFERA	STORIA
AVVENTURA	MOTORE
CIELO	PASSEGGERO
CARBURANTE	PILOTA
COSTRUZIONE	EQUIPAGGIO
DIREZIONE	

5 - Tipos de Cabello

```
R  B  I  O  N  D  O  A  S  C  I  U  T  T  O  S
C  I  W  W  G  Y  A  R  D  U  Z  J  Z  Y  I  T
A  X  C  M  O  R  B  I  D  O  R  O  G  N  U  L
L  T  L  C  O  M  D  Y  U  Q  U  T  N  U  E  B
V  Y  B  U  I  H  Z  F  P  F  F  A  E  C  G  I
O  G  W  U  S  O  I  C  C  I  R  L  R  G  Y  N
J  R  B  E  U  D  L  A  M  L  P  U  O  N  A  T
O  I  T  T  G  O  E  I  A  U  R  D  I  F  B  R
F  G  B  R  E  V  E  A  R  C  X  N  N  G  K  E
T  I  S  Q  L  M  R  R  R  I  Z  O  Q  S  B  C
E  O  Y  R  I  S  O  P  O  D  Y  T  D  E  H  C
C  B  C  L  T  N  S  X  N  O  C  N  A  I  B  I
S  A  N  O  T  Q  S  X  E  Y  K  E  D  X  K  A
O  Q  X  Z  O  N  E  E  E  U  X  G  I  Z  D  T
I  O  W  Z  S  S  P  X  E  F  E  R  E  S  U  O
T  R  E  C  C  E  S  S  C  T  P  A  Z  H  C  T
```

BIANCO	ONDULATO
LUCIDO	ARGENTO
CALVO	RICCIO
BREVE	RICCIOLI
SOTTILE	BIONDO
GRIGIO	SANO
SPESSORE	ASCIUTTO
LUNGO	MORBIDO
MARRONE	INTRECCIATO
NERO	TRECCE

6 - Ética

```
M  T  F  I  N  H  À  T  I  N  G  I  D  R  W  O
T  O  L  L  E  R  A  N  Z  A  S  N  I  I  W  T
P  A  Z  I  E  N  Z  A  S  N  X  T  P  S  A  T
C  O  N  E  S  T  À  S  G  O  B  E  L  P  A  I
S  O  Y  B  S  I  D  J  U  L  X  G  O  E  À  M
E  N  O  I  S  S  A  P  M  O  C  R  M  T  T  I
R  E  I  P  I  R  O  L  A  V  F  I  A  T  I  S
Z  E  I  K  E  J  E  P  N  E  A  T  T  O  L  M
O  K  A  S  R  R  Z  A  I  N  F  À  I  S  A  O
Z  L  N  L  A  G  A  Z  T  E  L  H  C  O  N  U
G  A  M  A  I  G  A  Z  À  B  R  T  O  Z  O  T
P  C  D  P  I  S  G  A  I  F  O  S  O  L  I  F
X  B  J  S  K  D  M  E  W  O  Y  H  T  X  Z  Q
I  H  C  N  R  F  Z  O  Z  I  N  M  I  U  A  J
A  L  T  R  U  I  S  M  O  Z  E  E  K  W  R  K
G  E  N  T  I  L  E  Z  Z  A  A  B  M  R  Z  S
```

ALTRUISMO
BENEVOLO
GENTILEZZA
COMPASSIONE
COOPERAZIONE
DIGNITÀ
DIPLOMATICO
FILOSOFIA
ONESTÀ
UMANITÀ

INTEGRITÀ
OTTIMISMO
PAZIENZA
RAZIONALITÀ
REALISMO
RISPETTOSO
SAGGEZZA
TOLLERANZA
VALORI

7 - Ciencia Ficción

```
U E P U F G U O A T B Y Z E I T
D H S I P A I S S A L A G H M E
X E N P C Z N C I N E M A F M C
M Z Y X L W X T O B O R H E A N
Y O F C N O I Z A C W I U M G O
H T N R D Q S I B S Y R E N I L
N D N D O S O I R E T S I M N O
C L O L O C A R O C R I K R A G
P I A N E T A C N N L R C W R I
S C E N A R I O J C E B C O I A
A T O M I C O C O U F I D S O T
H B S P Z O C I T S I L A E R N
R W E S T R E M O W B P W P A Z
R H A Q I L L U S I O N E A W S
F U T U R I S T I C O E G T P H
N X F W P G O H U K U T O P I A
```

ATOMICO

CINEMA

SCENARIO

ESPLOSIONE

ESTREMO

FANTASTICO

FUOCO

FUTURISTICO

GALASSIA

ILLUSIONE

IMMAGINARIO

LIBRI

MISTERIOSO

MONDO

ORACOLO

PIANETA

REALISTICO

ROBOT

TECNOLOGIA

UTOPIA

8 - Granja #1

```
A A I O M G K X J G E W Z C I S
C A G E Q Y U R J Q B E N A C O
Q S N R P S L M O S B Q N P F A
U M P F I M E S G G A O V R O C
A S D A L C Y W S W Y P G A T G
J O W S Y S O G E C Q M N R F M
M P M R I S O L L O P A E R F U
Y I N U Q M N F T S W C O E S Y
M L G U C U I J L U A H O T P M
A E T Y U C S C E E R B F G P A
P L N W Y F A C P W Q A E B R Q
F E R T I L I Z Z A N T E L C I
F I E N O G A T T O L L A V A C
D M V I T E L L O Z B E M O J T
O A D H O J S K S W E X U B Y G
F H N Q G J Q R E C I N T O M A
```

APE	GATTO
AGRICOLTURA	FIENO
ACQUA	MIELE
RISO	CANE
ASINO	POLLO
CAVALLO	SEMI
CAPRA	VITELLO
CAMPO	TERRA
CORVO	MUCCA
FERTILIZZANTE	RECINTO

9 - Camping

```
N C W N E Q N O M L C O R D A D
A A M A W M S F K K A N I B A C
T P R R E I U U K Q O G K C N Y
U P O U S Q G O L E N M O O G C
R E K T E D B C N N A I C C A C
A L C A B R D O Y K C N A T T C
O L T Z O U M A P P A S R M N G
O O I Z B T S J G K Z E U Q O O
F O R E S T A S Z T B T T E M W
H A E R F S N G O U X T N J Z N
N Q B T O X R P E L X O E Q E W
K H L T I I E Q J P A Z V T U O
F U A A K N T C D L T C V Z L U
P H E R Z U N J I L U N A H I L
G C A Y J U A S L O H X I M U G
Z L I J R Y L A N I M A L I A F
```

ANIMALI	FUOCO
AVVENTURA	AMACA
ALBERI	INSETTO
FORESTA	LAGO
BUSSOLA	LANTERNA
CABINA	LUNA
CANOA	MAPPA
CACCIA	MONTAGNA
CORDA	NATURA
ATTREZZATURA	CAPPELLO

10 - Fruta

```
A I G E I L I C X A V U H C Q N
V V L A M P O N E R I W I K G O
A G O F T T E R E A A A O E A C
U J R C B B D E N N P P T J E
G R W R A M E L A C A E D A Y D
M Y H T M D J I W I N S X O P I
M A N G O S O E U A A C U O P C
N E T T A R I N A C S A J M D O
L M P I J N I O N C S S L S O C
B A N A N A Q M E O M P Y O F C
B A C C A P M I S C Y B E D R O
C X S Y X W P L L I Y R N R U I
P M Q F I D Z G A B U N O L A L
X Y W O Y G L D G L E E L K U J
L O Y T X Z F C S A G N E L O P
E R Z N I L A I P I W I M P S Q
```

AVOCADO
ALBICOCCA
BACCA
CILIEGIA
NOCE DI COCCO
LAMPONE
GUAVA
KIWI
LIMONE
MANGO

MELA
PESCA
MELONE
ARANCIA
NETTARINA
PAPAIA
PERA
ANANAS
BANANA
UVA

11 - Geología

```
O I F U B S G H P D J F N M R L
E A W M Y C T E Q E N U T I N Y
C A V E R N A A Y N N L Y N E M
G V A L T X B G L S L M D E H J
S A E A C N C C A A E G Z R X A
T L Z S P X E Q N J G R E A X P
E L I S S O F N K I F M D L P T
R C A L C I O N I N G U I I J I
R B H O D X N Q G T F E R T I L
E A L T O P I A N O N N Q A I L
M P U T Z S T R A T O O D I C A
O L L A R O C M Q G S I C P O T
T O O N A C L U V F H S F J Q S
O T J H U A X C G Y Y O G T A I
F Q T K Q P I E T R A R J M B R
S T A L A T T I T E G E D A E C
```

ACIDO
CALCIO
STRATO
CAVERNA
CONTINENTE
CORALLO
CRISTALLI
QUARZO
EROSIONE
STALATTITE

STALAGMITI
FOSSILE
GEYSER
LAVA
ALTOPIANO
MINERALI
PIETRA
SALE
TERREMOTO
VULCANO

12 - Álgebra

```
Z  A  E  P  M  A  T  R  I  C  E  C  C  I  D  Q
R  O  L  O  R  E  M  U  N  T  X  I  U  D  I  U
R  S  I  T  G  O  R  E  Z  B  P  Y  I  S  V  A
Y  T  B  T  P  Y  B  F  O  R  M  U  L  A  I  N
E  R  A  C  I  F  I  L  P  M  E  S  M  T  S  T
F  P  I  F  S  E  T  N  E  N  O  P  S  E  I  I
R  H  R  A  O  L  W  G  D  M  P  E  F  N  O  T
A  R  A  T  L  I  I  E  S  A  A  L  D  O  N  À
Z  L  V  T  U  N  S  N  L  D  B  U  I  I  E  J
I  L  F  O  Z  F  E  O  E  C  Z  J  A  Z  J  E
O  C  K  R  I  I  T  I  S  A  W  I  G  A  Q  P
N  S  M  E  O  N  N  Z  G  K  R  P  R  R  I  R
E  W  L  C  N  I  E  A  G  E  Q  E  A  T  M  M
L  U  I  A  E  T  R  U  O  O  N  Z  M  T  N  N
Q  B  Y  G  F  O  A  Q  A  N  R  U  M  O  K  G
U  K  E  C  H  G  P  E  H  E  J  O  A  S  L  X
```

QUANTITÀ	INFINITO
ZERO	LINEARE
DIAGRAMMA	MATRICE
DIVISIONE	NUMERO
EQUAZIONE	PARENTESI
ESPONENTE	PROBLEMA
FATTORE	SOTTRAZIONE
FALSO	SEMPLIFICARE
FORMULA	SOLUZIONE
FRAZIONE	VARIABILE

13 - Plantas

```
X F C F B S J L B T X X J G K V
B H A O R E B L A C C A B I F E
O S C G E B P B M E K R L A O G
I H T L B R E A B K Z O S R G E
H P U I O K B E Ù S C L J D L T
T W S A Z U L A O N E F C I I A
F E R T I L I Z Z A N T E N A Z
F O R E S T A A L Z O G K O M I
A F Y B E C I D A R C W O L E O
P U H D E D F I O R E P L O L N
Q E O B L T E M B B C A F I P E
Z I T A R A E R O R G A R G X A
J J O A Y I M I A W F M U A J T
E C I G L M U S C H I O H F X W
Q Z E H E O I L G U P S E C D A
Y T C Q B O T A N I C A Q Y N R
```

CESPUGLIO
ALBERO
BAMBÙ
BACCA
FORESTA
BOTANICA
CACTUS
FERTILIZZANTE
FIORE
FLORA

FOGLIAME
FAGIOLO
EDERA
ERBA
FOGLIA
GIARDINO
MUSCHIO
PETALO
RADICE
VEGETAZIONE

14 - Suministros de Arte

```
A R G I L L A G B T U I O Z A C
P G K R O J U O O E E D I D C A
I G Y O C I F L M L K H M U Q R
O C O L L A M I M E O D E E U T
K Z G O Y M D O N C F V E H E A
S M O C I L I R C A K W A R R I
Y E L O Z Z A P S M H P J T E N
B Z D A E N I L L E T S A P L C
D B W I C J S A B R C G U A L H
S Z M P A Q O H Q A F L O K I I
C A A W H F U G O M M A F B C O
W O T T E L L A V A C Z F B I S
W N I C R E A T I V I T À Q N T
S Q T L Q R A I O Z F N Y U R R
E S E B W A Y S R B W T F E E O
A M F X G S I E F J L K T O V B
```

OLIO	CREATIVITÀ
ACRILICO	IDEE
ACQUERELLI	MATITE
ACQUA	TAVOLO
ARGILLA	CARTA
GOMMA	PASTELLI
CAVALLETTO	COLLA
TELECAMERA	VERNICI
SPAZZOLE	SEDIA
COLORI	INCHIOSTRO

15 - Negocio

```
S  W  M  I  O  W  D  X  F  H  B  U  E  Q  D  M
C  R  A  Z  N  A  N  I  F  E  H  Z  P  E  I  X
O  P  D  N  M  V  C  D  R  Z  K  Q  L  C  P  C
N  I  O  J  A  R  E  I  R  R  A  C  A  O  E  O
T  F  S  P  N  G  S  S  M  O  Q  L  V  N  N  S
O  R  S  M  R  A  S  Z  T  E  A  L  O  O  D  T
S  O  L  D  I  X  A  L  O  I  R  Y  R  M  E  O
O  I  B  D  D  W  T  M  N  C  M  C  O  I  N  I
R  C  Q  F  A  B  B  R  I  C  A  E  E  A  T  C
U  I  U  O  D  M  V  H  M  K  O  C  N  A  E  N
G  F  E  N  O  I  Z  A  S  N  A  R  T  T  R  A
X  F  W  P  K  C  A  R  L  A  W  Z  B  I  O  L
N  U  N  E  G  O  Z  I  O  U  R  A  A  D  U  I
S  O  C  I  E  T  À  L  I  Y  T  F  I  N  L  B
P  E  R  S  O  N  A  L  E  Y  D  A  T  E  Z  O
N  E  A  C  P  H  Q  Y  D  G  M  A  R  V  F  O
```

CARRIERA
COSTO
SCONTO
SOLDI
ECONOMIA
DIPENDENTE
SOCIETÀ
FABBRICA
FINANZA
TASSE

INVESTIMENTO
MERCE
VALUTA
UFFICIO
PERSONALE
BILANCIO
NEGOZIO
LAVORO
TRANSAZIONE
VENDITA

16 - Jardín

```
E  R  B  A  E  C  D  L  E  C  Z  I  S  B  P  N
R  O  B  U  T  R  P  P  X  U  U  N  D  M  A  S
F  N  Z  I  G  D  B  Q  X  J  W  A  K  Q  L  P
G  I  A  R  D  I  N  O  C  I  T  R  O  P  A  A
F  L  G  B  E  E  E  T  B  H  G  S  S  S  A  N
S  O  U  A  E  C  O  B  E  F  U  D  U  T  M  C
K  P  Y  O  R  C  P  J  O  R  A  R  O  A  A  A
R  M  Q  H  B  A  C  B  F  C  R  A  L  G  C  L
A  A  R  S  G  B  G  L  R  E  C  A  O  N  A  N
L  R  S  R  J  R  Y  E  U  S  Y  W  Z  O  M  K
B  T  K  T  W  E  K  W  T  P  E  O  X  Z  T  U
E  S  P  N  R  J  Y  G  T  U  C  X  C  X  A  S
R  P  Y  B  L  E  O  D  E  G  F  I  O  R  E  C
O  L  M  N  O  J  L  C  T  L  P  D  W  K  F  X
R  E  C  I  N  T  O  L  O  I  P  R  A  T  O  N
C  N  J  W  T  A  N  Z  O  O  T  S  T  B  C  H
```

CESPUGLIO   GIARDINO
ALBERO   ERBACCE
PANCA   TUBO
PRATO   PALA
STAGNO   PORTICO
FIORE   RASTRELLO
GARAGE   SUOLO
AMACA   TERRAZZA
ERBA   TRAMPOLINO
FRUTTETO   RECINTO

17 - Países #2

```
H W A M H Z A S O C A W R F M C
P Z Y T B H S O O F R D H C S K
G A X L D F F D C U M B B P L Z
P A H G B G G P W A I N A B L A
U C R A I N A C I A M A I G A U
U R R U I K K I L W M I P R O S
G A S P J C O Q J H N C O U S T
A M B I R Q N A D U S E I S I R
N I E N O P P A I G L R T S P A
D N X D H I O X R G W G E I A L
A A X O K D A F X F T X Q A K I
W D N N A U S T R I A U J W I A
C D D E I D Z W X A Q R C Z S I
D T J S P O R T O G A L L O T R
L P C I M E S S I C O W O F A I
J U D A D N A L R I I U F Z N S
```

ALBANIA
AUSTRALIA
AUSTRIA
DANIMARCA
ETIOPIA
FRANCIA
GRECIA
INDONESIA
IRLANDA
GIAMAICA

GIAPPONE
LAOS
MESSICO
PAKISTAN
PORTOGALLO
RUSSIA
SIRIA
SUDAN
UCRAINA
UGANDA

18 - Números

```
P F I T X E W X W S Q B X D D V
O B Q U I N D I C I Z E R O I E
B K T Y D M M Y F E I L Y R C N
U E Q C Q E U Q N I C H Q T I T
F A R X F U C H T H I C E T O I
E T T E S S A I C I D S S A T Y
O A Q Y M I X T M J E K E U T X
T R E D I C I D T A S X T Q O T
Y G U F R E R O G O L S T A N O
F I D D Q I S D O X R E E Q P A
G A Q G Y D Q I T N W D F I I N
F T Y W Z S W C T E J G I S E C
S D Q R Q G Y I O Z K D X C I S
N X Q N Z Z Y W D J P S L G I Q
W O A N O V E L U C O N Z S X K
M T R E V O N N A I C I D Q W D
```

QUATTORDICI
ZERO
CINQUE
QUATTRO
DECIMALE
DICIANNOVE
DICIOTTO
SEDICI
DICIASSETTE
DIECI

DODICI
DUE
NOVE
OTTO
QUINDICI
SEI
SETTE
TREDICI
TRE
VENTI

19 - Física

```
U  C  À  F  G  G  T  D  N  E  P  Q  F  H  J  F
M  N  T  A  E  A  J  A  U  L  A  S  O  M  C  R
O  V  I  M  A  S  S  A  C  E  R  K  R  A  A  E
L  E  V  V  F  P  O  O  L  T  T  R  M  G  C  Q
E  L  I  E  E  A  A  F  E  T  I  M  U  N  C  U
C  O  T  C  E  R  C  H  A  R  C  O  L  E  E  E
O  C  A  W  K  I  S  R  R  O  E  T  A  T  L  N
L  I  L  S  R  U  S  A  E  N  L  O  W  I  E  Z
A  T  E  C  Z  U  M  C  L  E  L  R  F  S  R  A
D  À  R  U  A  Y  J  I  P  E  A  E  C  M  A  G
A  E  T  Z  X  F  A  N  N  S  G  A  S  O  Z  Y
F  T  N  À  T  I  V  A  R  G  Z  C  K  Y  I  Q
F  H  O  S  H  U  O  C  I  M  I  H  C  H  O  A
L  S  A  M  I  G  C  C  T  S  J  P  C  T  N  Y
C  O  Y  O  O  T  P  E  H  S  Q  I  U  P  E  U
O  X  G  K  X  N  À  M  E  T  S  I  K  L  L  D
```

ACCELERAZIONE	MASSA
ATOMO	MECCANICA
CAOS	MOLECOLA
DENSITÀ	MOTORE
ELETTRONE	NUCLEARE
FORMULA	PARTICELLA
FREQUENZA	CHIMICO
GAS	RELATIVITÀ
GRAVITÀ	UNIVERSALE
MAGNETISMO	VELOCITÀ

20 - Belleza

```
F S C O L O R E P U N B J F R R
S O H D H S A G U F N P Y O I O
J E T A Z N A R G A R F G R C S
T C R O M M A S C A R A P B C S
G A O V G P G C Z U L B U I I E
D S W U I E O N I C S A F C O T
Z D J X J Z N O O E C C R I L T
H Y M L I I I I G R A Z I A I O
O L I R I W D X C P E L L E P S
C O S M E T I C I O L G C S P T
C X C X O B T F B B E O W L R I
U F Q M Y W J P O P G O H E L L
R E L E G A N T E H A L F E E I
T S P R O F U M O E N L Z I E S
F H D I N B F C Q B Z M S U O T
S P E C C H I O G L A R Y H K A
```

OLI
PROFUMO
SHAMPOO
COLORE
COSMETICI
ELEGANZA
ELEGANTE
FASCINO
SPECCHIO
STILISTA

FOTOGENICO
FRAGRANZA
GRAZIA
TRUCCO
PELLE
ROSSETTO
RICCIOLI
MASCARA
SERVIZI
FORBICI

21 - Países #1

```
P  S  A  R  U  D  N  O  H  E  C  U  A  D  O  R
A  V  R  R  S  X  S  E  N  I  P  P  I  L  I  F
N  E  O  I  G  L  E  B  Z  I  L  C  N  I  N  L
A  N  T  C  J  E  K  U  L  H  N  A  A  T  D  U
M  E  T  G  H  L  N  K  I  M  W  I  M  A  I  I
A  Z  I  F  G  I  M  T  Z  X  B  B  R  L  A  K
E  U  G  L  S  S  C  D  I  E  O  I  E  I  U  N
H  E  E  Y  E  A  W  A  Q  N  D  L  G  A  G  O
L  L  J  C  D  R  B  E  N  S  A  B  W  X  A  R
M  A  K  I  N  B  L  T  E  A  O  H  E  B  R  V
M  A  R  O  C  C  O  G  L  O  D  T  Q  R  A  E
T  A  N  O  X  C  H  Z  N  U  F  A  N  P  C  G
S  P  A  G  N  A  G  A  K  N  E  B  N  K  I  I
Y  S  H  Q  O  J  K  C  P  F  L  K  Y  Z  N  A
J  S  Z  G  J  Z  Q  A  P  O  L  O  N  I  A  R
Z  Y  R  Q  B  L  A  T  G  Z  D  M  L  F  N  D
```

GERMANIA	INDIA
ARGENTINA	ITALIA
BELGIO	LIBIA
BRASILE	MALI
CANADA	MAROCCO
ECUADOR	NICARAGUA
EGITTO	NORVEGIA
SPAGNA	PANAMA
FILIPPINE	POLONIA
HONDURAS	VENEZUELA

22 - Mitología

```
C O M P O R T A M E N T O E D A
F O R Z A V E N D E T T A R H R
S C R E A Z I O N E H S J O K C
T U P W Y B Q G O K I R A E O H
O R E I R R E U G H W D Y U Z E
E T O G T R C I A R U T L U C T
G J N E L I D E D A W U N F R I
R T E I P E Z O N O U T N U E P
D A E H R L Q S E U A B Y L D O
M I D J O I M I G M H B U M E M
U S S S T O B D G A O K B I N O
G O U A G C Z A E H P S A N Z R
I L F U S I Z R L U R T T E E T
P E B P O T B A R U T A E R C A
O G H Z F H R P N H U M C N O L
À T I L A T R O M M I N Y M G E
```

ARCHETIPO
GELOSIA
PARADISO
COMPORTAMENTO
CREAZIONE
CREDENZE
CREATURA
CULTURA
DISASTRO
FORZA

GUERRIERO
EROE
IMMORTALITÀ
LABIRINTO
LEGGENDA
MOSTRO
MORTALE
FULMINE
TUONO
VENDETTA

23 - Ecología

```
R N H N X X O P B S K A T P Q L
I Q B V A R I E T À T I C C I S
S H Z M M R K K G B D C F R W E
O U L I I F U Q P A L U D E F E
R M Z C L C À T I N U M O C H P
S À E I C E P S A S F U P I X I
E T N A I P F Q M N E D O S G R
L I O S O P R A V V I V E N Z A
A S I S O S T E N I B I L E N T
B R Z F L O R A U U O B S K A N
O E A F O M S W L A A U J D T O
L V T A T I B A H C O F A M U L
G I E H J W X Y U D P O L M R O
D D G N O M A R I N O Z S X A V
B S E G X Y N M J F T M I R L T
Q Z V C Q S J Z K Y G D A J E N
```

CLIMA
COMUNITÀ
DIVERSITÀ
SPECIE
FAUNA
FLORA
GLOBALE
HABITAT
MARINO
NATURALE

NATURA
PALUDE
PIANTE
RISORSE
SICCITÀ
SOSTENIBILE
SOPRAVVIVENZA
VARIETÀ
VEGETAZIONE
VOLONTARI

24 - Casa

```
A I F O I P G X S N C E U M S O
M T A T P O S L C B D D H O C R
P J T N P R W C O T T E T O A J
D A N I R T I H P T A L C P N T
O R R C C A A D A P M A L X T A
C E C E F O T T E N I B U R I P
C M D R T C U C I N A R L D N P
I A S X A E G A R A G E R U A E
A C X O S P A V I M E N T O T T
L W B N P P F I N E S T R A O O
C A M I N O E R B I Y G B T N K
G I B D C A A C E T O I L B I B
B N E R Y N B T C Q Y M H C I Q
A S Y A C X K H B H T G D R B C
D C L I X B W H E S I S S A M L
K Y E G M U I R E R W O X G N A
```

TAPPETO
ATTICO
BIBLIOTECA
CAMINO
CUCINA
DOCCIA
SCOPA
SPECCHIO
GARAGE
RUBINETTO

CAMERA
GIARDINO
LAMPADA
PARETE
PAVIMENTO
PORTA
SCANTINATO
TETTO
RECINTO
FINESTRA

25 - Salud y Bienestar #2

```
L Q X N C N A N A T O M I A E X
W O R E P U C E R J I P Z E T W
F Y Z B K T V I T A M I N A O J
D F D B H R A Y M A L A T T I A
F O Q S G I Q E M T I H E X C J
K R L R X Z W J C E J R J G G Y
B N I X N I H X T I Y B O E Y Q
E I J S G O E X U D U X C L G C
N X H O B N A P P E T I T O A I
E N O I Z E F N I S T R E S S C
R G E N E T I C A I G I E N E S
G H U G A D I G E S T I O N E A
I N M X I S A L L E R G I A B N
A M A S S A G G I O K P G H Y G
O S P E D A L E H P Z Q Y W D U
R L L H E Y E F J S P E S O A E
```

ALLERGIA
ANATOMIA
APPETITO
CALORIA
DIETA
DIGESTIONE
ENERGIA
MALATTIA
STRESS
GENETICA

IGIENE
OSPEDALE
INFEZIONE
MASSAGGIO
NUTRIZIONE
PESO
RECUPERO
SANO
SANGUE
VITAMINA

26 - Selva Tropical

```
R  P  T  D  C  B  D  N  E  N  H  F  L  E  L  R
E  F  I  F  Y  O  I  A  N  U  C  P  W  S  H  Q
S  S  R  D  G  T  V  T  I  V  J  T  Q  D  T  H
T  D  R  S  H  A  E  U  P  O  I  G  U  F  I  R
A  U  Z  W  L  N  R  R  B  L  U  H  Y  S  G  K
U  A  C  J  Z  I  S  A  M  E  E  B  U  G  L  M
R  H  W  C  D  C  I  I  N  O  A  Y  O  M  S  N
O  A  M  G  E  O  T  K  C  O  M  U  N  I  T  À
Q  L  N  A  B  L  À  I  N  D  I  G  E  N  O  I
W  G  I  F  M  Y  L  G  W  L  L  Q  W  G  U  N
O  N  N  R  I  M  K  I  Y  X  C  I  C  L  H  S
D  U  L  R  G  B  I  O  M  U  S  C  H  I  O  E
J  I  S  N  B  N  I  F  S  P  E  C  I  E  B  T
Y  G  S  L  E  O  T  T  E  P  S  I  R  H  B  T
A  Z  N  E  V  I  V  V  A  R  P  O  S  W  Z  I
P  R  E  Z  I  O  S  O  J  U  I  W  E  N  I  Y
```

ANFIBI
BOTANICO
CLIMA
COMUNITÀ
DIVERSITÀ
SPECIE
INDIGENO
INSETTI
MAMMIFERI
MUSCHIO

NATURA
NUVOLE
UCCELLI
RIFUGIO
RISPETTO
RESTAURO
GIUNGLA
SOPRAVVIVENZA
PREZIOSO

27 - Adjetivos #1

```
A  L  W  T  O  H  O  S  O  R  E  N  E  G  I  Y
P  S  W  O  S  O  N  I  M  U  L  M  Z  Q  G  J
E  A  S  T  C  L  E  V  A  R  G  D  N  J  U  S
R  R  I  O  P  N  S  N  E  X  F  F  Q  M  T  Z
F  O  N  S  L  Q  T  C  N  E  N  A  V  O  I  G
E  M  N  O  W  U  O  D  O  D  Z  Q  I  D  Q  O
T  A  O  I  A  S  T  G  R  N  I  G  M  E  G  T
T  T  C  Z  B  T  Q  O  M  A  J  H  P  R  X  H
O  I  E  I  B  I  T  I  E  R  Y  Q  O  N  P  S
S  C  N  B  U  L  X  I  O  G  Q  Y  R  O  J  D
C  O  T  M  K  O  M  S  V  M  D  P  T  T  X  R
U  D  E  A  G  Q  R  U  Y  O  T  M  A  N  I  L
R  F  X  A  T  T  R  A  E  N  T  E  N  E  A  I
O  P  E  S  A  N  T  E  S  E  R  G  T  L  Y  J
P  R  E  Z  I  O  S  O  W  C  N  H  E  Z  Y  H
D  A  U  I  D  P  J  O  U  G  P  W  D  F  M  X
```

ASSOLUTO	IMPORTANTE
ATTIVO	INNOCENTE
AMBIZIOSO	GIOVANE
AROMATICO	LENTO
ATTRAENTE	MODERNO
LUMINOSO	SCURO
ENORME	PERFETTO
GENEROSO	PESANTE
GRANDE	GRAVE
ONESTO	PREZIOSO

28 - Familia

```
I M A R I T O T A N E T N A B L
O N I B M A B I P A D R E C C J
I A F A R T N S X Z B C I U B O
Z F B A X X U D A Z W S L G I G
N F H Z N N D O C Q I G G I F X
L R Z C B Z F E H H W A O N M O
S A H H H M I Y T I Y I M O M I
O T Y J W L A A Q M G C S P L S
R E Y G R J I T Y F F O Q I I T
E L A X K U L E E T O P I N T A
L L P H B D G F R R N O N N A M
L O G X T G I L D I N I B M A B
A R Q Y A J F O A D R O M C G K
M K S Q N T R U M Y Z P P W C B
S D H Y J A L J M C W M L C Y Y
X Y F N O N N O S B M P X K J U
```

NONNA
NONNO
ANTENATO
MOGLIE
SORELLA
FRATELLO
FIGLIA
INFANZIA
MADRE

MARITO
MATERNO
NIPOTE
BAMBINO
BAMBINI
PADRE
CUGINO
ZIA
ZIO

29 - Disciplinas Científicas

```
F A I G O L O C I S P B A B A E
I S C K A N I R Q R N O N I R C
S T A I G O L O I B B T A O C O
I R H M M C Q U X X A T C H L
O O A K D A H H H A B N O H E O
L N M O G E N C I X C I M I O G
O O J I G X U I Q M F C I M L I
G M B F N F M R D F I A A I O A
I I I I W E K H O O O C T C G P
A A D Y L X R F K G M T A A I F
C F D E A O G A Z W X R I I A P
G E O L O G I A L H C K E D Q B
D U Q K A I G O L O R O E T E M
S O C I O L O G I A G F Y M R R
K A I G O L O N U M M I C W L B
L I N G U I S T I C A A A T S E
```

ANATOMIA	IMMUNOLOGIA
ARCHEOLOGIA	LINGUISTICA
ASTRONOMIA	METEOROLOGIA
BIOLOGIA	MINERALOGIA
BIOCHIMICA	PSICOLOGIA
BOTANICA	CHIMICA
ECOLOGIA	SOCIOLOGIA
FISIOLOGIA	TERMODINAMICA
GEOLOGIA	

30 - Cocina

```
M C R T O W G C N Q U R F O B B
E Y I G Q O R W X R L A R G A R
S O C W E U I N W Z D A I R C O
T D E L U I B M E R G K G I C C
O N T L C J L E S W S A O G H C
L T T B O L L I T O R E R L E A
O G A N G U P S X N M I I I T F
K F T U L Q K B K R T Z F A T O
T O P J L E L C O O K E E L E R
T X Z P U D Z H K F Z P R O R C
N G Q W F Y S Z M N Y S O T A H
S H C U C C H I A I A J B O I E
C O L T E L L I U T I U I I G T
C O N G E L A T O R E I C C N T
T X T O V A G L I O L O Z C A E
Y J Z K O O D N I K C O G Z M I
```

BOLLITORE
MANGIARE
CIBO
CONGELATORE
CUCCHIAI
MESTOLO
COLTELLI
GREMBIULE
SPEZIE
SPUGNA

FORNO
BROCCA
BACCHETTE
GRIGLIA
RICETTA
FRIGORIFERO
TOVAGLIOLO
TAZZE
CIOTOLA
FORCHETTE

31 - Moda

```
W D G P E M M T A S A M E C K R
U B O U L O O G E Z T J Z A P H
S L J E B D D Y R S R I C R R M
T O R U S E E E U Y S X L O A O
S M F Q D R L S S E X U O E T D
E A O I A N L D I I Z O T I I E
M C W T S O O L M Z I Y Q O C S
P I T U S T P U L S A N T I O T
L R P O T Z I E L E G A N T E O
I X D B G X X C Q F U D L K M Z
C B R S W M E L A N I G I R O Z
E J Q Z W O H Y Q T H Q Z U P I
O H Z I N G A L C S O O X F H P
M E A B B I G L I A M E N T O F
M I N I M A L I S T A M A R T B
G W X X E T E N D E N Z A S D Z
```

RICAMO
PULSANTI
BOUTIQUE
CARO
ELEGANTE
PIZZO
STILE
MISURE
MINIMALISTA
MODERNO

MODESTO
ORIGINALE
MODELLO
PRATICO
ABBIGLIAMENTO
SEMPLICE
SOFISTICATO
TESSUTO
TENDENZA
TRAMA

32 - Electricidad

```
E C P B C L G A A G L W H P M C
R L Z R O V A C J B A X D O A O
O D E Q E D T M W A S F M S G N
T R L T P S X N P D E S P I N S
A À T I T N A U Q A R F P T E E
R F I L I R S S D P D E L I T R
E F J J W U I Z J M Y I O V E V
N S R A F X P C A A W E N O S A
E E B G Q L S L I L T P N A Q Z
G I P S T B R P X S T G G Z L I
O V I T A G E N I I T T E G G O
H Z O C I R T T E L E A R K R N
D P S G Q A E B A T T E R I A E
A T T R E Z Z A T U R A J Z F E
T E L E V I S I O N E N M L L Z
N L C T E L E F O N O L J I A C
```

CONSERVAZIONE
BATTERIA
LAMPADINA
CAVO
FILI
QUANTITÀ
ELETTRICISTA
ELETTRICO
PRESA
ATTREZZATURA

GENERATORE
MAGNETE
LAMPADA
LASER
NEGATIVO
OGGETTI
POSITIVO
RETE
TELEVISIONE
TELEFONO

33 - Salud y Bienestar #1

```
H I H J P I R M I K U Z E F P F
Z E D I L O S S E L F I R J P A
P U O A N C P T M D T L G A T R
A O I R W U I D A K I O X D T M
Q C S U B L R L F S F C R P S A
T I Q T W O E L L E P S I J S C
E D Q T U B T W B M U D N A I
R E A A G R T N F K H M L C A A
A M F R S W A I E A L T E Z Z A
P L J F S R B D F M L M Y X O K
I N O M R O K U V L A T T I V O
A C I N I L C T I R S T T O L M
E U K U G D A I R H S Q T U X I
U H U H Z E C B U M O M G A K X
G P M P K N F A S E A W D Y R C
R I L A S S A M E N T O K R T T
```

ATTIVO
ALTEZZA
BATTERI
CLINICA
MEDICO
FARMACIA
FRATTURA
FAME
ABITUDINE
ORMONI

OSSA
MEDICINA
MUSCOLI
PELLE
POSTURA
RIFLESSO
RILASSAMENTO
TERAPIA
TRATTAMENTO
VIRUS

34 - Adjetivos #2

```
M S O X Y L U N S A E F C C N O
K R Q L B A E G Z A T P O R U R
D R A M M A T I C O N P M E O G
N F S E E H N S N C A O M A V O
A O O S O M A F A N C T E T O G
F E R R P O S P T A C T S I V L
J D M M T M S O U T I U T V I I
B P U M A E E J R S P I I O T O
N Q I Y D L R Q A A Z C B S T S
S H X R S M E Q L G J S I A I O
E L E G A N T E E G Y A L L R J
N M U D I K N B E R E T E A C K
A Z M O C B I F R E S C O T S A
T F B U B R O W W E T T Q O E B
P R O D U T T I V O Z E P E D D
R E S P O N S A B I L E F B M B
```

STANCO	NATURALE
COMMESTIBILE	NORMALE
CREATIVO	NUOVO
DESCRITTIVO	ORGOGLIOSO
DRAMMATICO	PICCANTE
ELEGANTE	PRODUTTIVO
FAMOSO	RESPONSABILE
FRESCO	SALATO
FORTE	SANO
INTERESSANTE	ASCIUTTO

35 - Cuerpo Humano

```
T  T  T  C  Y  H  S  K  S  T  I  T  R  Q  J  I
F  M  E  Z  T  N  H  A  P  H  G  N  W  O  E  G
W  E  X  O  S  M  X  P  A  H  E  C  G  G  R  O
P  N  S  I  M  K  L  A  L  K  F  E  K  O  T  L
E  T  L  H  I  W  C  A  L  L  F  R  M  A  N  O
L  O  I  C  B  Y  G  O  A  Z  T  V  P  T  Z  P
L  T  N  C  Z  L  D  Q  P  J  I  E  A  S  S  C
E  X  G  O  R  E  C  C  H  I  O  L  N  E  A  A
G  F  U  N  K  R  C  D  L  W  Y  L  A  T  N  V
C  O  A  I  C  C  A  F  N  L  P  O  S  B  G  I
B  U  M  G  M  M  G  A  M  B  A  O  O  O  U  G
L  S  O  I  R  I  A  I  I  H  Q  C  K  C  E  L
B  G  O  R  T  F  C  P  N  X  C  C  C  C  J  I
Q  R  B  F  E  O  X  D  M  F  T  H  W  A  O  A
G  G  T  R  K  H  I  Q  F  M  Y  I  S  R  P  I
C  O  L  L  O  T  I  D  M  B  M  O  T  O  S  A
```

MENTO	LINGUA
BOCCA	MANO
TESTA	NASO
FACCIA	OCCHIO
CERVELLO	ORECCHIO
GOMITO	PELLE
CUORE	GAMBA
COLLO	GINOCCHIO
DITO	SANGUE
SPALLA	CAVIGLIA

36 - Calentamiento Global

```
G R E I A T L M D R O K F M L S
O W L N I M C I O G I H U Y E I
V G J D N I B S T R K L T W G G
E B W U O B N I A E A H U U I N
R J I S I R C N E Z M K R I S I
N R X T Z S M O N N I C O H L F
O X K R A V G I O E T F E H A I
D L Q I L I K Z I U A A Y O Z C
E I F A O L M A Z G D P L A I A
P N F N P U S R N E N M O E O T
F L E Q O P Z E E S A G A P N I
T I D R P P Z N T N J E D U E V
J C N G G O L E T O C L I M A O
M B O S R I U G A C A R T I C O
X R U N O T A I Z N E I C S J A
L U T E M P E R A T U R E Q W K
```

ORA
AMBIENTALE
ATTENZIONE
ARTICO
SCIENZIATO
CLIMA
CONSEGUENZE
CRISI
DATI
SVILUPPO

ENERGIA
FUTURO
GAS
GENERAZIONI
GOVERNO
INDUSTRIA
LEGISLAZIONE
POPOLAZIONI
SIGNIFICATIVO
TEMPERATURE

37 - Ciencia

```
F Q J G A U K W I M X F C I D E
E L L E C I T R A P H I P S A V
L S U L M T K T M C X S I R E O
I O P Q K A U Q I D M I A I C L
S C W E N D B J L N Z C N B C U
S I E U R I E G C Z A A T A L Z
O M O T A I D A B O J T E T B I
F I K X Y B M B W G M U U U T O
W H P E L O C E L O M D M R X N
O C C O J T D N N A S I F Q A E
R I Y K T O I R O T A R O B A L
K N T E H E X F F A O D O T E M
M Q L L O M S I N A G R O H E Z
F A T T O L E I G R A V I T À J
J M I N E R A L I S H H Z O F G
S C I E N Z I A T O K Q F S M G
```

ATOMO	IPOTESI
SCIENZIATO	LABORATORIO
CLIMA	METODO
DATI	MINERALI
EVOLUZIONE	MOLECOLE
ESPERIMENTO	NATURA
FISICA	ORGANISMO
FOSSILE	PARTICELLE
GRAVITÀ	PIANTE
FATTO	CHIMICO

38 - Restaurante #2

```
M D A M X M C U N M F C E F S A
O D H M O I Z A I D E S O G A P
D C A Y C N J T M S H M D M L E
D H T E B E M T N E C S E P E R
A E A F H S W E U G R E A W K I
H I L B L T Y H H O C I N Y I T
A Z A I H R Y C Z G A E E H S I
D E S W Z A T R O T T C C R S V
R P N B Z I U O Z N A R P W E O
G S I I Y U O F O B E V A N D A
I K M E Y K O S Z A T T U R F N
V E R D U R E V O X K I Q R N E
G H I A C C I O A Y C J C H T C
C U C C H I A I O H N L A K D S
O G P H H B Y F Y J D R L X W B
F A C E T B M Z S K T Q J J L D
```

ACQUA

PRANZO

APERITIVO

BEVANDA

CAMERIERE

CENA

CUCCHIAIO

DELIZIOSO

INSALATA

SPEZIE

FRUTTA

GHIACCIO

UOVA

TORTA

PESCE

SALE

SEDIA

MINESTRA

FORCHETTA

VERDURE

39 - Profesiones #1

```
E B H C X C E R O T A N E L L A
F A P A I A A O I O F T H A L M
B N S C D S T R M E D I C O D B
A C I C R T E O T A C O V V A A
L H C I A R L E R O T I D E A S
L I O A U O T R I Z G S N P G C
E E L T L N A R E I M R E F N I
R R O O I O B P P Z P U A Z F A
I E G R C M H L O I X L B F E T
N E O E O O Y O T M A G W M O O
O E X S I X L S F Z P N W I U R
G I O I E L L I E R E I I T C E
G E O L O G O R D I U I E S K G
M U S I C I S T A J G M C R T G
V E T E R I N A R I O P E I E A
T A M S E Q L C N O P Y W C L F
```

AVVOCATO	AMBASCIATORE
ASTRONOMO	INFERMIERA
ATLETA	ALLENATORE
BALLERINO	IDRAULICO
BANCHIERE	GEOLOGO
POMPIERE	GIOIELLIERE
CARTOGRAFO	MUSICISTA
CACCIATORE	PIANISTA
MEDICO	PSICOLOGO
EDITORE	VETERINARIO

40 - Geometría

```
L  G  R  P  W  Z  R  S  A  D  J  O  H  C  O  T
T  G  O  O  J  B  S  P  O  B  E  A  C  U  M  J
H  R  C  J  E  L  A  T  N  O  Z  Z  I  R  O  Q
P  A  R  A  L  L  E  L  O  A  M  Z  N  V  J  M
E  C  I  I  G  R  U  C  O  R  T  E  M  A  I  D
Q  A  H  R  A  N  G  O  L  O  K  T  N  S  S  T
U  L  P  T  O  T  B  N  J  E  F  L  U  S  E  R
A  C  G  E  G  E  L  A  L  Y  X  A  M  A  G  I
Z  O  I  M  T  Z  T  I  J  O  O  M  E  M  M  A
I  L  Y  M  N  M  D  D  H  U  G  O  R  X  E  N
O  O  U  I  H  C  A  E  G  T  L  I  O  S  N  G
N  Z  Z  S  M  N  L  M  L  K  I  X  C  E  T  O
E  I  C  I  F  R  E  P  U  S  T  M  I  A  O  L
D  I  M  E  N  S  I  O  N  E  O  M  L  Q  M  O
F  B  N  P  R  O  P  O  R  Z  I  O  N  E  E  S
V  E  R  T  I  C  A  L  E  N  N  K  S  M  C  E
```

ALTEZZA	MEDIANO
ANGOLO	NUMERO
CALCOLO	PARALLELO
CURVA	PROPORZIONE
DIAMETRO	SEGMENTO
DIMENSIONE	SIMMETRIA
EQUAZIONE	SUPERFICIE
ORIZZONTALE	TEORIA
LOGICA	TRIANGOLO
MASSA	VERTICALE

41 - Baile

```
C P Z D Z R I T M O C O R P O K
E O V I S S E R P S E Z A O K P
M M M H A P R W S W G I B K L H
O G T P Y I T D F C Q P A X O S
Z J C M A I M E D A C C A U U N
I C S K I G I E N A R U T L U C
O X J L Z O N M N T Q U A R T E
N A I F A R G O E R O C T P B S
E Y G E R V I S I V O L T S J K
P Z H W G M O V I M E N T O O E
P M S A L T O Y T C T Z J E F P
X R C U L T U R A L E U J T J S
T S O M U S I C A K N R W D G R
R Q T V T R A D I Z I O N A L E
Y A Y F A C L A S S I C O F X N
E N I E W G I O I O S O N Z Z K
```

ACCADEMIA
GIOIOSO
ARTE
CLASSICO
COREOGRAFIA
CORPO
CULTURA
CULTURALE
EMOZIONE
PROVA

ESPRESSIVO
GRAZIA
MOVIMENTO
MUSICA
POSTURA
RITMO
SALTO
COMPAGNO
TRADIZIONALE
VISIVO

42 - Matemáticas

```
D A R I T M E T I C A Q P R A E
B I R E M U N D J E J U O D X M
C H A I R T E M M I S A L S X P
U I E M O O X O D W G D I E K O
T P R B E H Z O F E Z R G J I C
R E P C N T A S O M R A O G D X
I R A E O B R R B X Z T N G F T
A I R S I N E O M K A O O Q L J
N M A R Z Z F G E O M E T R I A
G E L I A A S E D E C I M A L E
O T L D R N R T R V O L U M E C
L R E C F D U W M E A N G O L I
O O L Z A A E T N E N O P S E I
T Z O I G G A R N H X Z I M D J
E Q U A Z I O N E U G Y A T M I
R E T T A N G O L O H K X P Z O
```

ARITMETICA	GEOMETRIA
ANGOLI	NUMERI
CIRCONFERENZA	PARALLELO
QUADRATO	PERIMETRO
DECIMALE	POLIGONO
DIAMETRO	RAGGIO
EQUAZIONE	RETTANGOLO
SFERA	SIMMETRIA
ESPONENTE	TRIANGOLO
FRAZIONE	VOLUME

43 - Restaurante #1

```
C M A U G I E E R A I G N A M P
E O L K Z N J N P M L A T U C O
D L L I D W Q O P X C C H D C L
M O C T L F C I I C A F F È Y L
D I A N E H S Z A N I C U C I O
E L M E N L F A T I T H L E J M
S G E I R F L T T I G P A N E F
S A R D A X Q O O F C R C I B O
E V I E C S T N F Q P I E F M Q
R O E R S H J E O H T H D L O S
T T R G X A Y R E S D T G E L B
T A A N R F L P C I O T O L A A
H O A I X B R S C A S S I E R E
W R Z G M E N Ù A H I W F Q I C
P I C C A N T E M D N E I X Y A
D J U Q O B C S X T W S P Y M R
```

ALLERGIA
CAFFÈ
CASSIERE
CAMERIERA
CARNE
CUCINA
MANGIARE
CIBO
COLTELLO
INGREDIENTI

MENÙ
PANE
PICCANTE
PIATTO
POLLO
DESSERT
PRENOTAZIONE
SALSA
TOVAGLIOLO
CIOTOLA

44 - Profesiones #2

```
P  I  L  O  T  A  C  K  W  G  E  M  D  A  Q  C
E  R  O  T  A  C  R  E  C  I  R  E  E  S  Y  H
I  N  V  E  N  T  O  R  E  Y  E  D  T  T  G  I
R  Z  B  F  U  F  S  Q  Z  E  N  I  E  R  I  R
A  O  L  I  O  W  C  I  L  D  G  C  C  O  A  U
T  O  Z  I  B  T  U  J  U  J  E  O  T  N  R  R
S  L  E  A  E  L  O  O  P  G  G  Y  I  A  D  G
I  O  A  K  T  L  I  G  B  H  N  J  V  U  I  O
L  G  F  X  N  W  M  O  R  J  I  I  E  T  N  F
A  O  A  M  A  E  Y  L  T  A  R  F  L  A  I  O
N  I  K  F  N  R  E  O  I  E  F  S  Y  L  E  S
R  T  Y  X  G  O  N  I  L  I  C  O  J  G  R  O
O  J  W  Y  E  T  D  B  M  A  O  A  F  Z  E  L
I  L  L  U  S  T  R  A  T  O  R  E  R  H  W  I
G  W  F  Z  N  I  O  P  G  Q  S  N  P  I  W  F
F  L  Q  A  I  P  D  E  N  T  I  S  T  A  O  J
```

ASTRONAUTA	INVENTORE
BIBLIOTECARIO	RICERCATORE
BIOLOGO	GIARDINIERE
CHIRURGO	LINGUISTA
DENTISTA	MEDICO
DETECTIVE	GIORNALISTA
FILOSOFO	PILOTA
FOTOGRAFO	PITTORE
ILLUSTRATORE	INSEGNANTE
INGEGNERE	ZOOLOGO

45 - Senderismo

```
C S C Y O R R W E Z Y H A S C O
A T Z L Z Q T L A I D E A X I T
M I S A I L A M I N A R U T A N
P V C P N M L N N W I K T E U E
E A O P D Z A N G A T N O M Q M
G L G A D U A Z Q I G R C E C A
G I L M E G H R W P W J J U A T
I P I S H U J D E D I U G T P N
O E E Y S E L V A G G I O W S E
E S R R I O C N A T S S F A S I
K A A L I R J I B N A B D L Z R
M N N G R C L H T P A R C H I O
X T X E N O I Z A R A P E R P C
L E J L M O K X X C E R T E I P
B X W O H M P S G Y Y V E U F Z
F N F S M Q A W I C C B J W R M
```

SCOGLIERA   MONTAGNA
ACQUA   ZANZARE
ANIMALI   NATURA
STIVALI   ORIENTAMENTO
CAMPEGGIO   PARCHI
STANCO   PESANTE
CLIMA   PIETRE
VERTICE   PREPARAZIONE
GUIDE   SELVAGGIO
MAPPA   SOLE

46 - Naturaleza

```
C E W C R A L S F B B S W D O E
G L E R S U X Z E O C I T R A R
S A N T U A R I O L R Y R N I O
K T U T N F L C F V E Z T A S
U I H M B N E A I P A A S P O I
K V G E J J L M M S H U G T I O
R I F U G I O I A U L I E G A N
G B X L R J V N N Y G J L Q I E
T U Q K Z Z U A I O U E A U C O
P K P U J S N I D B O N C R C E
A R B H U L B P D G N G I F A Y
G L J F O G L I A M E A P I I E
F U O Y P T D E S E R T O U H G
W A E G T I C X E W E N R M G Z
N E B B I A A J D O S O T E T G
B E L L E Z Z A O B G M F R B Y
```

API   MONTAGNE
ANIMALI   NEBBIA
ARTICO   NUVOLE
BELLEZZA   RIFUGIO
FORESTA   FIUME
DESERTO   SELVAGGIO
DINAMICO   SANTUARIO
EROSIONE   SERENO
FOGLIAME   TROPICALE
GHIACCIAIO   VITALE

47 - Conduciendo

```
D  G  P  H  J  O  E  T  U  N  N  E  L  E  A  N
G  I  H  O  C  X  Y  H  R  O  E  R  B  E  G  S
S  A  G  T  L  B  C  T  O  I  L  O  B  H  X  I
J  K  S  U  C  I  S  D  M  M  H  T  F  D  K  N
X  Y  Y  A  X  E  Z  E  L  A  N  O  D  E  P  C
M  A  P  P  A  S  W  I  I  C  P  M  E  C  G  I
T  A  U  T  O  B  U  S  A  Z  N  E  C  I  L  D
T  R  G  P  Q  W  Y  S  E  Y  F  E  F  P  S  E
R  G  A  Y  G  B  G  I  P  U  W  J  Z  B  I  N
A  A  U  S  C  A  R  B  U  R  A  N  T  E  C  T
F  R  R  X  P  F  R  E  N  I  Y  Z  R  O  U  E
F  A  D  O  B  O  L  O  C  I  R  E  P  R  R  D
I  G  Y  H  D  E  R  T  M  O  T  O  Z  U  E  A
C  E  S  C  J  W  Q  T  K  U  A  A  S  C  Z  H
O  K  Z  E  H  T  U  F  O  Z  L  B  N  L  Z  Z
V  E  L  O  C  I  T  À  F  X  U  D  Q  H  A  Z
```

INCIDENTE	MOTO
AUTOBUS	MOTORE
CAMION	PEDONALE
AUTO	PERICOLO
CARBURANTE	POLIZIA
FRENI	SICUREZZA
GARAGE	TRASPORTO
GAS	TRAFFICO
LICENZA	TUNNEL
MAPPA	VELOCITÀ

48 - Ballet

```
B Z N M X U X I I A B I L I T À
A A I G U D N O I R C C Y X H M
R N L A X S E F L T I I M N X R
T I C L H I I R I S N N T I C R
I R O C E T O C D E T O S A B B
S E R O P R V B A H E I T C R K
T L E M D R I L L C N Z I I R P
I L O P F K S N W R S E L N P U
C A G O N Z S E I O I L E C D J
O B R S Q U E P I A T J Z E A Q
N O A I P J R T L O À I Y T Q G
A B F T N A P R O V A J A T S R
H X I O J J S S C X X R H I Z I
M T A R O Z E O S U A L P P A T
N T I E C T B U U I F L P P F M
P U B B L I C O M E G E S T O O
```

APPLAUSO
ARTISTICO
PUBBLICO
BALLERINA
BALLERINI
COMPOSITORE
COREOGRAFIA
PROVA
STILE
ESPRESSIVO

GESTO
ABILITÀ
INTENSITÀ
LEZIONI
MUSCOLI
MUSICA
ORCHESTRA
PRATICA
RITMO
TECNICA

49 - Fuerza y Gravedad

```
Z Y T D U P P D I A O P M E T Q
I M P A T T O E I U O R T N E C
E N O I S N A P S E C T B T R Q
M E C C A N I C A O I E P I U K
N H C A C U T L Q T M S E A T S
E S F S I C E A Z N A T S I D A
P F E S S U N T V E N M F K S R
C R N E I N A R E M I A K T H N
T D O Z F U I E L I D G E Y G A
Z Y I P F R P P O V T N J H G I
N J S D R Y Q O C O G E B C L H
E J S A K I I C I M T T Y A B
R O E R E F E S T O T I R T T A
H Y R Y N B Y T À F K S O R R I
Z I P E F Z F E À A G M Z T J O
U N I V E R S A L E A O F H D J
```

CENTRO
SCOPERTA
DINAMICO
DISTANZA
ASSE
ESPANSIONE
FISICA
ATTRITO
IMPATTO
MAGNETISMO

MECCANICA
MOVIMENTO
ORBITA
PESO
PIANETI
PRESSIONE
PROPRIETÀ
TEMPO
UNIVERSALE
VELOCITÀ

50 - Aventura

```
D Y D E E W I E E B D B E P N L
X E N M C N J D N B M E T C A P
T N J A F T F D T J Q L N J V R
T O C N T A K G U À T L E N I E
D I O A A U Y Z S T À E D Y G P
S Z R Y M R R W I I T Z N Q A A
À A A P K I D A A V I Z E T Z R
T N G C I P C J S I N A R Z I A
L I G G A I V I M T U I P P O Z
O T I L O S N I O T T O R N N I
C S O I T I N E R A R I O U E O
I E F M Z N R O T L O G S O K N
F D L T Y T A C D X P U E V Z E
F S I C U R E Z Z A P K R O I K
I O Y N U Y O S O L O C I R E P
D E S C U R S I O N E G F C K X
```

ATTIVITÀ
GIOIA
AMICI
BELLEZZA
DESTINAZIONE
DIFFICOLTÀ
ENTUSIASMO
ESCURSIONE
INSOLITO
ITINERARIO

NATURA
NAVIGAZIONE
NUOVO
OPPORTUNITÀ
PERICOLOSO
PREPARAZIONE
SICUREZZA
SORPRENDENTE
CORAGGIO
VIAGGI

51 - Pájaros

```
K S P E L L I C A N O A P N D P
R D T N N Y E G H W N Q C K F I
G N Y R Q U Y Q H A A U R A E N
I A J A U P K U Z F C I Y D N G
J O G F U Z G K X C U L K P I U
A N E Q L O Z A T Y T A R H C I
N I X S N C M O L U C U C O O N
G R R L N L E J Y T Z Q L O T O
O A O O Y A N A T R A G F L T J
C N H N N F O R E S S A P L E M
I A W G H E I I F X S B F O R K
C C I I E A C C Y G Y B Y P O G
I D Q C O E C S Q K H I X B Y A
J O N B N W I F K D S A D H G L
Y Y H U S N P H U C J N K J A M
P A P P A G A L L O V O U Q E J
```

STRUZZO
AQUILA
CANARINO
CICOGNA
CIGNO
CUCULO
FENICOTTERO
OCA
AIRONE
GABBIANO

PASSERO
FALCO
UOVO
PAPPAGALLO
PICCIONE
ANATRA
PELLICANO
PINGUINO
POLLO
TUCANO

52 - Geografía

```
N E G O I R O T I R R E T O O C
E Z D T S E V O D N O M A R E O
E W D R O N E X F A K F P E N N
K Y S C L O H S R Q O D P F I T
G M L U A I F I U M E T A S D I
C E O Z N G N C S H T D M I U N
O A N U G E M D Y F N A G M T E
M L G À A R P Z F L A M G E I N
E T I L T Z Y A Y S L A O Q T T
R I T F N T W G E X T P K W A E
I T U R O O I X P S A S U D L M
D U D G M D Q C Q I E J H Y A T
I D I D B Z F J B S D D S E S S
A I N J X U J W T Q C Y E W W Q
N N E S W K Y N L Y J N S R N C
O E P F K O U Q J W P I N W U X
```

ALTITUDINE
ATLANTE
CITTÀ
CONTINENTE
EMISFERO
ISOLA
LATITUDINE
LONGITUDINE
MAPPA
MARE

MERIDIANO
MONTAGNA
MONDO
NORD
OVEST
PAESE
REGIONE
FIUME
SUD
TERRITORIO

53 - Música

```
O  O  S  T  R  U  M  E  N  T  O  B  V  K  I  C
A  R  M  O  N  I  A  Y  P  T  M  A  O  Y  L  A
W  X  B  R  A  M  G  I  X  Q  A  L  C  N  O  N
M  X  D  C  H  F  F  H  H  N  J  L  A  W  S  T
M  T  C  B  C  X  C  P  D  L  U  A  L  Q  H  A
U  B  L  A  O  N  D  M  Q  N  Y  T  E  A  H  N
S  E  A  A  R  E  P  O  R  O  C  A  O  T  A  T
I  N  S  E  R  A  S  I  V  V  O  R  P  M  I  E
C  M  S  R  C  M  X  O  L  A  R  N  C  U  D  R
I  U  I  D  O  N  O  F  O  R  C  I  M  B  O  A
S  S  C  Q  W  K  K  N  C  X  X  D  Y  L  L  T
T  I  O  M  T  I  R  Q  I  N  H  N  R  A  E  N
A  C  P  T  L  L  G  T  T  C  S  N  Z  K  M  A
K  A  M  J  K  N  S  G  E  L  O  S  O  H  P  C
Y  L  E  S  M  C  H  T  O  M  I  O  R  U  K  W
B  E  T  F  Y  A  B  O  P  X  J  A  C  M  I  W
```

ARMONIA	MELODIA
ARMONICO	MICROFONO
ALBUM	MUSICALE
BALLATA	MUSICISTA
CANTANTE	OPERA
CANTARE	POETICO
CLASSICO	RITMO
CORO	TEMPO
IMPROVVISARE	VOCALE
STRUMENTO	

54 - Enfermedad

```
B E N E S S E R E C N T D H I I
O N N H F E E R A N O M L O P N
B C O N T A G I O S O R X Z E F
D E B O L E R A B M O L P W R I
A O I R O T A R I P S E R O E A
S D L G C U O R E E X M A C D M
S C D O R I E O R C S O I I M
O I Q O D E I S R Q F R T N T A
C S Y U M A L S J N F D A O A Z
I A Q Y L I A L Y J C N P R R I
T L F D F P N C A Q N I O C I O
E U Q Y M A B A C L Z S R P O N
N T Z Y Z R M Y L K I H U O X E
E E S L R E N M F E O Z E L L O
G N B W U T W W I M M U N I T À
X J Q N P Y S N A W K A X A C M
```

ADDOMINALE
ALLERGIE
BENESSERE
CONTAGIOSO
CUORE
CRONICO
CORPO
DEBOLE
GENETICO
EREDITARIO

OSSA
INFIAMMAZIONE
IMMUNITÀ
LOMBARE
NEUROPATIA
POLMONARE
RESPIRATORIO
SALUTE
SINDROME
TERAPIA

55 - Actividades

```
P Q S G I A R D I N A G G I O M
C O P Q G I O C H I L N A N F L
E I T K F F L F O A L D B K H A
R S G A R U T T E L R O I R P P
A S M I N L Q C X Z N T L C I E
M E T I E A A N F D Z N I U A S
I R O R E B I L O P M E T C C C
C E X P A R F G R N X M À I E A
A T H J A M A A I Y L A F R R H
P N Q E F K R T B T R S W E E P
L I A H H O G T C O R S J R Z U
Y P T R Q T O I A I G A M W R Z
W Q W T T W T V C G Z L B Q W Z
Q A U L U E O I C C A I H Q F L
C Y B N B R F T I T T R M P P E
I Q Q N K P A À A W O K X L X P
```

ATTIVITÀ
ARTE
ARTIGIANATO
CACCIA
CERAMICA
CUCIRE
FOTOGRAFIA
ABILITÀ
INTERESSI
GIARDINAGGIO

GIOCHI
LETTURA
MAGIA
TEMPO LIBERO
PESCA
PITTURA
PIACERE
RILASSAMENTO
PUZZLE

56 - Instrumentos Musicales

```
P M T U C T C O H Q N T D P Q H
I A A B Z P R P I P F K Y W Q U
A N M C M E N O I S S U C R E P
N D B T B Y X T M O A Y S C T Z
O O U F T Q W T A B T E L H Q U
F L R R B K C O J K O M M I F C
O I E M U P L G N O G N M T L L
R N L Y A U M A U X Q J E A A M
T O L N J R L F T E K F K R U T
E J O Z B Z I T K G Y B M R T A
D X B N R G G M R X L I O A O M
Y A R P A H E O B O S A W M B B
A R M O N I C A O A M C J H A U
D R V I O L I N O R O B W J N R
S A S S O F O N O J J U A H J O
F N L O C L A R I N E T T O O T
```

ARMONICA
ARPA
BANJO
CLARINETTO
FAGOTTO
FLAUTO
GONG
CHITARRA
MANDOLINO
MARIMBA

OBOE
TAMBURELLO
PERCUSSIONE
PIANOFORTE
SASSOFONO
TAMBURO
TROMBONE
TROMBA
VIOLINO

57 - Formas

```
W J M T Y P S I C B F O V A L E
P F B I P R F P Q X R T R W N R
R O C R A I E E D I M A R I P O
J B L M A S R R I G B L P Q Y Y
P U K I E M A B C U R V A U K R
E C Q S G A Z O L I N E A A U P
E L D X Y O Q L K U M X R D M T
Z O L D E Z N E O M Q S R R Z Y
C X Z I E Q I O L Z N K L A B C
I E F X S G O L O G N A T T E R
T E R U S S R Z G B C O Q O G C
L R S C I K E F N U W R U L X B
D J N S H J O O A P C O N O B O
R M C J Q I K C I N C R Q G A R
K O W N Y U O G R O C Y Q N R D
C I L I N D R O T N I X Q A Y I
```

ARCO	ANGOLO
BORDI	IPERBOLE
CILINDRO	LATO
CERCHIO	LINEA
CONO	OVALE
QUADRATO	PIRAMIDE
CUBO	POLIGONO
CURVA	PRISMA
ELLISSE	RETTANGOLO
SFERA	TRIANGOLO

58 - Flores

```
B E P S U K U H D U N M Z K A J
K R H A I L O N G A M A L L I L
I Z R S S P E O N I A Z M N R P
G B O O U S F N B R J Z R Z P E
I M I R T Q I I P M O O L B L T
R A L S T T Q F N A R C I S O A
A R A B C W J Q L R M Q U R I L
S G V W I O N I M O S L E G L O
O H A R Y Q Y N Y P R K G Q G G
L E N F A L U D N E L A C I I S
E R D T R I F O G L I O S P G G
T I A T U L I P A N O H B R O R
Y T F J K W D N K K I K B G E N
T A X P A P A V E R O P P F A N
P H R K Q H H B E B A D A I J I
G A R D E N I A E D I H C R O E
```

PAPAVERO	MARGHERITA
CALENDULA	NARCISO
GARDENIA	ORCHIDEA
GIRASOLE	PASSIFLORA
IBISCO	PEONIA
GELSOMINO	PETALO
LAVANDA	MAZZO
LILLA	ROSA
GIGLIO	TRIFOGLIO
MAGNOLIA	TULIPANO

59 - Astronomía

```
S U H H U F F Z D E D J A E I E
K E P S R H B M A C Y Y I N K F
Z Q J S A R R E T L O M S O C M
D U N U T T W I B I M F S I C E
W I L P U E E C I S O U A Z O T
T N C E A N U L S S N X L A I E
E O I R N C M J L I O F A I R O
L Z E N O Z Z A R I R K G D O R
E I L O R Z J D X N T G G A T A
S O O V T A L U K K S E C R A Q
C E O A S Z N K Y Q A E R W V P
O Z I S A P I A N E T A M B R B
P C C O S T E L L A Z I O N E W
I U P K X C J E D I O R E T S A
O S R E V I N U N L C Z F N S O
W B O Z H B X X Y P G S U Y O M
```

ASTEROIDE   LUNA
ASTRONAUTA   METEORA
ASTRONOMO   OSSERVATORIO
CIELO   PIANETA
RAZZO   RADIAZIONE
COSTELLAZIONE   SATELLITE
COSMO   SUPERNOVA
ECLISSI   TELESCOPIO
EQUINOZIO   TERRA
GALASSIA   UNIVERSO

60 - Tiempo

```
H G X L I W L P U W L X Q S G D
K W L B W A F N I S M P O L T W
N W H X W C G Q M G E R J A H O
M O I G O L O R O I N N E C E D
O Z T M I N U T O N N A P K C G
M M N T R K R S R D N R Z F E X
E P E Q E Z X O U B G N D A A G
N L J S I U T N T L E U W P N Z
T O F D E M E E U L J Y L A N R
O N R O I G A N F M B Z F S U A
P A S E C O L O F O G G I S A Q
N R M E Z Z O G I O R N O A L H
E O I R A D N E L A C C O T E U
A N A M I T T E S Q L W Q O E I
E O X M A N I T T A M W U I Z X
J U S Y N G Z O Y J E Y T I B Z
```

PRIMA	MATTINA
ANNUALE	MEZZOGIORNO
ANNO	MESE
IERI	MINUTO
CALENDARIO	MOMENTO
DECENNIO	NOTTE
GIORNO	PASSATO
FUTURO	OROLOGIO
ORA	SETTIMANA
OGGI	SECOLO

61 - Paisajes

```
A O Y C G E T S R O B F X Z H L
L A G U N A S U D W A J W A P A
G L R Y P L N T S N U R N B Q G
E O E Z A O B G U C F H J I Z O
Y S B K L S K Z A A G R O T T A
S I E D U I O Q V T R U J C Q N
E N C O D O N A A E N I F A G D
R E I A E R A M L U T O O S K N
O P J S F U C J L M H T M C R S
P A B I B I L A E Q N U L A P P
Y Z Z E E Y U L E T N N Z T C I
M P L J F G V M B F M D C A O A
Y S L U P U O T E K O R I U C G
D D M L E O I A I C C A I H G G
R D E S E R T O U B I P A K E I
A P U J U A F M S J K P E S B A
```

CASCATA   MARE
GROTTA   MONTAGNA
DESERTO   OASI
ESTUARIO   PALUDE
GEYSER   PENISOLA
GHIACCIAIO   SPIAGGIA
ICEBERG   FIUME
ISOLA   TUNDRA
LAGO   VALLE
LAGUNA   VULCANO

62 - Días y Meses

```
S  W  I  E  D  I  F  J  A  P  L  Y  L  T  X  D
Z  E  E  A  S  M  I  H  Q  Q  I  C  I  M  L  O
G  R  T  A  P  R  I  L  E  S  A  B  A  T  O  M
I  B  J  T  A  I  Q  Z  S  L  R  I  G  Y  Z  E
O  M  R  M  I  H  K  Ì  D  E  T  R  A  M  U  N
V  E  M  Q  L  M  Ì  D  E  L  O  C  R  E  M  I
E  V  M  S  K  H  A  E  V  E  N  E  R  D  Ì  C
D  O  L  E  E  P  O  N  G  U  I  G  Q  G  M  A
Ì  N  U  U  S  T  A  U  A  M  C  R  A  H  P  O
P  O  G  W  W  E  T  L  Z  R  I  O  C  B  U  U
J  N  L  G  I  L  Q  E  M  J  H  I  A  N  N  O
T  F  I  M  U  G  Q  N  M  P  Q  A  Y  Y  Y  M
X  R  O  Z  J  P  L  T  B  B  L  N  L  E  H  L
C  A  L  E  N  D  A  R  I  O  R  N  P  J  I  J
O  T  T  O  B  R  E  N  K  Y  S  E  E  N  M  G
F  E  B  B  R  A  I  O  T  S  O  G  A  U  D  W
```

APRILE	LUNEDÌ
AGOSTO	MARTEDÌ
ANNO	MESE
CALENDARIO	MERCOLEDÌ
DOMENICA	NOVEMBRE
GENNAIO	OTTOBRE
FEBBRAIO	SABATO
GIOVEDÌ	SETTIMANA
LUGLIO	SETTEMBRE
GIUGNO	VENERDÌ

63 - Biología

```
T A F N W B P W E N O R U E N D
Z R Y P N X Q T A I S P A N I S
C E K E C E C E T R M I U N D W
Y C O F J I K X Q U O S F L C T
I Z R A S S W A S C S E K F X D
G E N O I Z A T U M I T J U N A
C N N R M X G C Q N W N E X E N
E O A E E O P R O T E I N A R A
L I T F O N S H M X L S O S V T
L R U I E R Z O C P I O I I O O
U B R M S A M I M F T T Z M A M
L M A M M A F O M A T O U B T I
A E L A K I N D N A E F L I R A
F D E M W X D Z M E R E O O K Z
C O L L A G E N E O P U V S C H
B A T T E R I R R J B X E I O S
```

ANATOMIA
BATTERI
CELLULA
COLLAGENE
CROMOSOMA
EMBRIONE
ENZIMA
EVOLUZIONE
FOTOSINTESI
ORMONE

MAMMIFERO
MUTAZIONE
NATURALE
NERVO
NEURONE
OSMOSI
PROTEINA
RETTILE
SIMBIOSI
SINAPSI

64 - Jardinería

```
Y F I E L I B I T S E M M O C F
B O P L J Y A C A O S Z P D Z O
B G E A P B L S R U Z R G Y D G
C L E N E R O T I N E T N O C L
D I I O T E T T U R F H U Z F I
S A X I Q I U M A U Q C A Z A A
P M L G H C B O B N N O Z A W M
E I B A J E O C À T I D I M U E
G L E T T P J I L P H C O Y F O
Y C X S L S E T S O P M O C W F
K N W S E M I O U P K T P E C I
B Q I T K Q G S N S O L O U S O
P K D W O O E E L A E R O L F R
S G P X S F E C O U S E C I Y I
E T K D B E Z G T X T L G O P R
N N X T H N P B W R D W J Q J E
```

ACQUA
BOTANICO
CLIMA
COMMESTIBILE
COMPOST
CONTENITORE
SPECIE
STAGIONALE
ESOTICO
FIORIRE

FLOREALE
FOGLIAME
FOGLIA
FRUTTETO
UMIDITÀ
TUBO
MAZZO
SEMI
SPORCO
SUOLO

65 - Chocolate

```
Z  C  A  R  A  M  E  L  L  O  W  S  C  C  I  Q
W  U  A  N  Z  E  T  N  E  I  D  E  R  G  N  I
O  C  C  O  C  I  D  E  C  O  N  T  P  R  W  Q
B  W  T  C  S  A  O  C  F  G  P  N  O  I  M  E
D  N  Y  C  H  M  T  L  D  H  Z  A  L  C  H  L
W  C  A  T  C  E  I  O  E  Y  S  D  V  E  Y  A
Y  H  B  E  X  J  R  D  S  P  H  I  E  T  B  N
C  A  C  A  O  F  E  O  O  A  B  S  R  T  Y  A
U  U  P  O  K  L  F  C  T  E  R  S  E  A  A  I
Q  N  R  Q  Z  F  E  Z  I  K  Y  O  T  S  U  G
U  K  M  A  U  I  R  Y  C  U  Z  I  M  Q  U  I
B  J  Z  N  B  A  P  X  O  H  W  T  O  A  A  T
O  S  O  I  Z  I  L  E  D  Y  J  N  E  J  M  R
B  G  Y  Q  P  O  E  I  R  O  L  A  C  B  A  A
M  A  N  G  I  A  R  E  T  I  M  R  J  T  R  W
A  R  A  C  H  I  D  I  D  À  Y  D  B  S  O  K
```

AMARO	NOCE DI COCCO
ANTIOSSIDANTE	MANGIARE
AROMA	DELIZIOSO
ARTIGIANALE	DOLCE
ZUCCHERO	ESOTICO
ARACHIDI	PREFERITO
CACAO	GUSTO
QUALITÀ	INGREDIENTE
CALORIE	POLVERE
CARAMELLO	RICETTA

66 - Barbacoas

```
Y E B R H A S D L L G A O P U G
J F W Q C S A M H K A K A M O H
X M X I S E L U M L F A F N Z J
S N F S U M S S O B C S X M F D
G N B D H K A I L G I M A F M K
H C C E U N I C L P P W Q C M E
B T Y F P S T A O N O D C A C S
G Y I R E G U G P A L E Q L O T
R B H U P B P R W P L T J D L A
I I C T N O E D E Q E A P O T T
G N O T T Z M S R Y P L A T E E
L Z I A R M C O U Z E A A P L M
I E G B T Q O K D Z P S N S L A
A Q H L M R Z B R O D N E P I F
Z R K K O A D L E G R I C T R U
P R A N Z O B N V H E I Z S D H
```

PRANZO
CALDO
CIPOLLE
CENA
COLTELLI
INSALATE
FAMIGLIA
FRUTTA
FAME
GIOCHI

MUSICA
BAMBINI
GRIGLIA
PEPE
POLLO
SALE
SALSA
POMODORI
ESTATE
VERDURE

67 - Ropa

```
A Q P I J K F L P N A K M N H K
A B C A P P O T T O C C C U Y L
M K I T A I P S R E L U C E B W
S A R T E S B O X L Y O Y A I M
A B G G O U P A N T A L O N I O
N R P L G R E M B I U L E C C G
D A P N I G O N N A P E C A O S
A C K N W O R R X P I I A P L C
L C M O D A N A G Z G O M P L A
I I E R M B B E U D I I I E A R
L A T T E C I M A C A G C L N P
L L P S N R F K N N M D I L A A
Q E Q K F D E C T T A T A O X K
B T S A R R J K I C I N T U R A
S T T B C S C I A R P A R H X M
I O U F A A H D K N Y R P W A E
```

CAPPOTTO

CAMICETTA

SCIARPA

CAMICIA

GIACCA

CINTURA

COLLANA

GREMBIULE

GONNA

GUANTI

GIOIELLO

MODA

PANTALONI

PIGIAMA

BRACCIALETTO

SANDALI

CAPPELLO

MAGLIONE

ABITO

SCARPA

68 - Meditación

```
A M P S P T P M O M A C C I S G
C C E O R Z A G D O T H O F Z R
I O C N S S I S L V T I M T A A
S H A E T T Z J H I E A P B E T
U L P J T A U M X M N R A W L I
M Z C U J T L R Q E Z E S K D T
C A L M A Z A E A N I Z S E P U
C K Q C C B Q Z X T O Z I M M D
P E N S I E R I I O N A O O E I
L K O P D H D Z S O E S N Z N N
G E N T I L E Z Z A N X E I T E
C E N O I Z A R I P S E R O E U
O S S E R V A Z I O N E G N C O
S I L E N Z I O T E R U Y I C F
N A T U R A V I T T E P S O R P
Q S K L J B Z H Z Z K B A U E Q
```

ACCETTAZIONE
ATTENZIONE
GENTILEZZA
CALMA
CHIAREZZA
COMPASSIONE
EMOZIONI
GRATITUDINE
MENTALE
MENTE

MOVIMENTO
MUSICA
NATURA
OSSERVAZIONE
PACE
PENSIERI
PROSPETTIVA
POSTURA
RESPIRAZIONE
SILENZIO

69 - Café

```
X P B F L B G H G W I J I D À I
Y W J I I Z E T T A L G U S T O
T O H L Q Y R V E I D B P K E R
A J E T U R A F A É T H T L I E
N R C R I D N K U N O A O Q R H
I I R O D G I B Q I D X Z M A C
T M J O O H C Z C G I A Z Z V C
T Q W R S G A H A I C M E N A U
A R O M A T M D F R A E R G N Z
M N E R O B I J A O I R P K I S
J J Q Z L H F T N X S C Q A E Y
A T Y K I J Y B O X I C M D F J
K A M A R O K C Y A Z C M L F E
P C Y C D D B J N U B E X X A Q
N Y X K H K G Q Q Q H B U Q C Z
F X S U H W K B M O R L F X Q S
```

ACQUA
AMARO
AROMA
ARROSTITO
ZUCCHERO
ACIDO
BEVANDA
CAFFEINA
CREMA
FILTRO

LATTE
LIQUIDO
MATTINA
MACINARE
NERO
ORIGINE
PREZZO
GUSTO
TAZZA
VARIETÀ

70 - Libros

```
H G R O O X E R X J E F E Q K M
À T I L A U D N X U Y E J P Y N
I C L U U O N Q D U A H I R R W
N O E R O T U A I S E O P Z N G
V N V C I T E U I N L T R C O Y
E T A O S M T A V V E N T U R A
N E N L Q T M I B S I P N N U Y
T S T L U M O E R O T T E L M Y
I T E E Q Q C R R C S F I U O S
V O X Z L K L O I S S P R S R T
O A T I I L W S G A I P E I I O
A H Q O R O M A N Z O O S N S R
Z X A N I G A P W Q T X N P T I
R G J E R O T A R R A N Q E I C
L E T T E R A R I O K U N D C O
J Z N S Z A I T R A G I C O O M
```

AUTORE
AVVENTURA
COLLEZIONE
CONTESTO
DUALITÀ
SCRITTO
STORIA
STORICO
UMORISTICO
IMMERSIONE

INVENTIVO
LETTORE
LETTERARIO
NARRATORE
ROMANZO
PAGINA
RILEVANTE
POESIA
SERIE
TRAGICO

71 - Los Medios de Comunicación

```
A T T E G G I A M E N T I C L Y
A T E L E V I S I O N E X O B D
I N T E L L E T T U A L E M C S
R F S L N Y N R J R Q A N M F F
T F M A D O O T B E G G O E A I
S A G T Q T I G K T T E I R T N
U T S I C O N Z I E F Q Z C T A
D Z G G X F I R A O A A I I I N
N I T I U M P R I C R Y D A E Z
I N D D E S O P H V U N E L I I
Z A P O N H I Q Q L I D A E X A
D P N C L P D H M B C S E L L M
O N L I N E A W I C Q C T T I E
L O C A L E R Z E K U K Q E T N
C O M U N I C A Z I O N E G Y T
P U B B L I C O E W N N I C H O
```

ATTEGGIAMENTI
COMMERCIALE
COMUNICAZIONE
DIGITALE
EDIZIONE
EDUCAZIONE
ONLINE
FINANZIAMENTO
FOTO
FATTI

INDUSTRIA
INTELLETTUALE
LOCALE
OPINIONE
GIORNALI
PUBBLICO
RADIO
RETE
RIVISTE
TELEVISIONE

72 - Nutrición

```
S A N O X I I L A E R E C Z P O
B H G P I E W O A N T J A L R A
C T R E T U L A S O Z D P K O G
B A C S T Q U A L I T À P E T U
A I R O Y W Y T A T K U E L E S
K M L B P S Q E S S I C T I I T
F E A A O P D I L E S X I B N O
Y C D R N I F D D G H R T I E V
B K P H O C D A N I S S O T K I
S P I F P Z I R L D Y Q L S X T
C A L O R I E A A J T E Y E Q A
P K D Q Y J Y W T T D I N M E M
N U T R I E N T E O I N Q M W I
F E R M E N T A Z I O N E O W N
W C D Q U L W A W J Y N G C X A
B G J L D A J U Y Y G C E I T M
```

AMARO
APPETITO
QUALITÀ
CALORIE
CARBOIDRATI
CEREALI
COMMESTIBILE
DIETA
DIGESTIONE
BILANCIATO

FERMENTAZIONE
NUTRIENTE
PESO
PROTEINE
GUSTO
SALSA
SALUTE
SANO
TOSSINA
VITAMINA

73 - Edificios

```
S  D  G  C  Y  T  H  Q  F  A  O  M  E  O  P  M
R  C  F  W  O  I  R  O  T  A  V  R  E  S  S  O
Q  X  U  O  I  H  C  Y  K  H  Z  C  M  Q  U  D
D  R  B  O  O  Q  A  I  R  O  T  T  A  F  P  J
A  R  Y  H  L  C  S  G  Q  B  R  O  T  O  E  P
L  P  Y  N  U  A  T  D  Y  L  W  N  A  J  R  P
I  A  P  L  I  F  E  H  I  O  K  U  I  Y  M  F
O  C  B  A  S  Y  L  T  O  R  R  E  C  P  E  I
S  I  U  O  R  O  L  L  E  T  S  O  S  N  R  E
P  R  I  I  R  T  O  G  S  A  J  T  A  C  C  N
E  B  Y  D  Z  A  A  L  U  E  E  G  B  P  A  I
D  B  B  A  E  W  T  M  M  T  U  Y  M  F  T  L
A  A  Y  T  E  Z  E  O  E  G  A  R  A  G  O  E
L  F  N  S  Z  R  U  K  R  N  C  I  N  E  M  A
E  Y  H  O  T  E  L  B  N  I  T  F  G  U  B  E
U  N  I  V  E  R  S  I  T  À  O  O  L  S  F  Q
```

OSTELLO
APPARTAMENTO
CASTELLO
CINEMA
AMBASCIATA
SCUOLA
STADIO
FABBRICA
GARAGE
FIENILE

FATTORIA
OSPEDALE
HOTEL
LABORATORIO
MUSEO
OSSERVATORIO
SUPERMERCATO
TEATRO
TORRE
UNIVERSITÀ

74 - Océano

```
C F S A N M H R D H G F R W B C
G A M B E R E T T O P X M R A T
L K G P E B A L E N A O C E R E
I A B R R F W W C A O F L I C M
S D S C A N G U P S S D W P A P
U C E Q M N M Z D A T O X P O E
F P O A A W C N R W R C Z L A S
U N H G R R H H Z J I O N N O T
K N W O L P B P I Y C R A S U A
J T U X D I P F I O A A W Q K J
M E D U S A E H G L A L C U S U
T Q A X O K C R I Q D L U A T K
K X K E F Z S R A O F O R L O F
Y R S E H U E L A S W U X O O E
E J O S P D P D E L F I N O F D
A N G U I L L A G U R A T R A T
```

ALGHE
ANGUILLA
SCOGLIERA
TONNO
BALENA
BARCA
GAMBERETTO
GRANCHIO
CORALLO
DELFINO

SPUGNA
MAREE
MEDUSA
OSTRICA
PESCE
POLPO
SALE
SQUALO
TEMPESTA
TARTARUGA

75 - Agronomía

```
Y  P  R  A  P  Y  J  E  M  V  E  R  D  U  R  E
A  Z  N  E  I  C  S  B  N  A  D  W  Y  P  H  N
B  T  Y  S  A  I  R  H  A  E  L  B  Q  E  S  Y
I  X  L  N  N  S  E  B  Y  R  A  B  S  D  L
X  N  B  X  T  Q  O  N  S  L  Z  G  T  D  C  O
Y  S  I  K  E  U  S  O  O  C  O  M  I  T  Z  C
L  D  Q  K  L  I  T  I  R  Z  I  H  U  A  I  L
Q  T  E  O  A  N  E  S  G  K  D  T  I  C  M  E
H  T  Q  Y  R  A  N  O  A  U  U  M  A  B  E  T
C  Z  M  K  U  M  I  R  N  Q  T  U  I  G  T  N
S  E  M  I  R  E  B  E  I  A  S  A  G  E  S  E
A  C  Q  U  A  N  I  Y  C  S  L  P  O  H  I  I
B  W  P  B  E  T  L  Q  O  R  E  M  L  O  S  B
E  F  W  A  X  O  E  G  X  W  B  R  O  L  H  M
P  R  O  D  U  Z  I  O  N  E  J  U  C  W  C  A
Q  E  T  N  A  Z  Z  I  L  I  T  R  E  F  A  W
```

ACQUA
SCIENZA
INQUINAMENTO
CRESCITA
ECOLOGIA
ENERGIA
MALATTIE
EROSIONE
STUDIO
FERTILIZZANTE

AMBIENTE
ORGANICO
PIANTE
PRODUZIONE
RURALE
SEMI
SISTEMI
SOSTENIBILE
VERDURE

76 - Deporte

```
M E D G T U J T T N U O T A R E
U B W G S X K F U G X J J W B A
S I K A E R A Z Z I M I S S A M
C M E T A B O L I C O Q G T M C
O J E E A Z N E T S I S E R M A
L L M L J M H K R H O O O E A P
I C C T P C P X Y W F O D T R A
O S S A E J O M S I L C I C G C
C A Z N A D V N D D P E B H O I
N U T R I Z I O N E N O K I R T
F G F E R O T A N E L L A N P À
H O N E I W T R T W Z R D G K D
X X R W T D E G Y Y Y C O R P O
Q W T Z M G I S A L U T E X N I
H Q F O A Y B R S N H W R G S B
O S S W J O O V I T R O P S E U
```

ATLETA
DANZA
CAPACITÀ
CICLISMO
CORPO
SPORTIVO
DIETA
ALLENATORE
STRETCHING
FORZA

OSSA
MASSIMIZZARE
OBIETTIVO
METABOLICO
MUSCOLI
NUOTARE
NUTRIZIONE
PROGRAMMA
RESISTENZA
SALUTE

77 - Actividades y Ocio

```
T  R  I  H  E  K  S  R  Y  B  A  S  K  E  T  U
S  I  N  N  E  T  H  O  B  B  Y  T  Q  W  J  R
D  L  O  I  L  L  A  B  E  S  A  B  O  X  E  J
S  A  I  M  T  W  R  C  Y  Y  E  G  H  B  L  A
P  S  S  M  Q  A  U  F  S  A  R  T  E  W  Z  P
A  S  R  E  P  M  T  B  C  E  Y  Z  G  Z  T  T
L  A  U  R  U  Q  T  G  N  I  P  P  O  H  S  V
L  N  C  S  H  O  I  S  U  R  F  A  L  L  I  I
A  T  S  I  Q  I  P  Q  O  F  G  O  F  R  H  A
V  E  E  O  I  G  G  A  N  I  D  R  A  I  G  G
O  F  W  N  D  G  C  O  D  N  Y  X  T  N  B  G
L  L  P  E  F  E  S  A  U  S  L  X  K  H  O  I
O  W  J  A  Y  P  A  I  L  N  M  M  Y  K  S  O
Q  C  R  C  Q  M  H  M  F  C  Y  M  G  W  Y  C
O  U  M  K  Z  A  D  W  L  W  I  K  O  U  R  K
N  Y  P  X  H  C  H  K  L  G  L  O  T  O  U  N
```

HOBBY	GIARDINAGGIO
ARTE	NUOTO
BASKET	PESCA
BASEBALL	PITTURA
BOXE	RILASSANTE
IMMERSIONE	ESCURSIONI
CAMPEGGIO	SURF
SHOPPING	TENNIS
CALCIO	VIAGGIO
GOLF	PALLAVOLO

78 - Ingeniería

```
D I S T R I B U Z I O N E U P S
D M C A L C O L O T S D U O R T
H O O C T L J A L E S E I D O A
D F O T O L I M O V K S N I F B
N X M I O S J M G E R S X U O I
H T I W U R T A N L I A G Q N L
C B L E U U E R A T L X N I D I
A T T R I T O G U Q T Q B L I T
F N T B Z N Q A D Z U D D K T À
U B Q S D O R I O I I N N T À X
M N M O Q A F D C U A O L I X H
M A C C H I N A T E M M N U R L
M I S U R A Z I O N E M E E Q L
S T R U T T U R A W Q C Y T O T
F O R Z A E N O I S L U P O R P
D B Z G B S Y G E N E R G I A O
```

ANGOLO
CALCOLO
COSTRUZIONE
DIAGRAMMA
DIAMETRO
DIESEL
DISTRIBUZIONE
ASSE
ENERGIA
STABILITÀ

STRUTTURA
ATTRITO
FORZA
LIQUIDO
MACCHINA
MISURAZIONE
MOTORE
LEVE
PROFONDITÀ
PROPULSIONE

79 - Comida #1

```
X I I S O I C U F W E F A M M F
G E N O Z Z R O T E Y S S E I R
Y K L S K A M S Y A F X P N N A
W F U A A M M C P R Q S I T E G
R K O I T L P Y Z Z F M N A S O
I P E R A T A L L E N N A C T L
O G N Q E Z E T U L Z G C C R A
Z P O I N H O P A A C W I C A G
Z J M G R O C E I S I A G L I O
J O I G A P I C I B P H I U R C
I C L X C U L D U U O Z R O A C
K C D U X I I X B Z L Z C N P U
K Q Y R F M S L Y A L H W N A S
H G S F U A A T O R A C K O I Q
R O H U U S B F U N W K H T K I
E F J B Y Y J Q U Y J P X W Y M
```

AGLIO
BASILICO
TONNO
ZUCCHERO
CANNELLA
CARNE
ORZO
CIPOLLA
INSALATA
SPINACI

FRAGOLA
SUCCO
LATTE
LIMONE
MENTA
RAPA
PERA
SALE
MINESTRA
CAROTA

80 - Antigüedades

```
A  A  V  V  D  S  L  H  E  P  H  R  E  O  Z  S
S  U  A  E  T  E  R  D  C  C  N  E  T  T  R  P
T  M  L  C  X  C  G  G  C  Q  G  G  E  L  T  P
A  J  O  C  O  O  V  I  T  A  R  O  C  E  D  I
K  A  R  H  C  L  R  E  Q  U  A  L  I  T  À  N
S  M  E  I  I  O  R  L  S  T  I  L  E  R  D  V
Y  C  O  O  T  F  X  E  T  A  T  E  J  E  E  E
T  J  U  N  N  R  H  G  I  F  J  I  H  S  C  S
Q  M  E  L  E  T  R  A  N  L  N  O  Q  T  E  T
G  E  O  A  T  T  M  N  S  P  O  I  P  A  N  I
A  M  K  G  U  U  E  T  O  I  R  G  A  U  N  M
Y  C  G  Z  A  M  R  E  L  M  F  E  S  R  I  E
M  O  B  I  L  I  O  A  I  E  L  D  Z  O  U  N
G  A  L  L  E  R  I  A  T  Z  D  K  I  Z  A  T
L  R  S  N  T  U  N  X  O  X  J  X  U  Y  O  O
X  T  D  F  K  L  U  U  T  E  U  R  T  K  F  O
```

ARTE	INVESTIMENTO
AUTENTICO	GIOIELLO
QUALITÀ	MONETE
DECORATIVO	MOBILIO
DECENNI	PREZZO
ELEGANTE	RESTAURO
SCULTURA	SECOLO
STILE	ASTA
GALLERIA	VALORE
INSOLITO	VECCHIO

81 - Literatura

```
A N A C R X T X I C P C A D H Q
C A N O E Y H H M O O O U I M I
S R A N R S C X Q N E F T A G G
A R L C R B W Y A F T P O L W M
N A I L A I X M S R I O R O G N
A T S U P B M O C O C E E G H A
L O I S Q B T A L N O S W O A N
O R A I D E G A R T O I B R F E
G E T O Y D Q G S O K A M E T D
I L N N H B I O G R A F I A T D
A I R E N O I Z N I F C G J H O
B T I W B X J N O U E W E W T T
E S T K B Q D A R O F A T E M O
E S M R Q Q U M U A X N G J I Z
U A O N J E N O I Z I R C S E D
W E L A T C K R Q E Q E G W U U
```

ANALOGIA
ANALISI
ANEDDOTO
AUTORE
BIOGRAFIA
CONFRONTO
CONCLUSIONE
DESCRIZIONE
DIALOGO
STILE

FINZIONE
METAFORA
NARRATORE
ROMANZO
POESIA
POETICO
RIMA
RITMO
TEMA
TRAGEDIA

82 - Química

```
L E C Q K K U J L C M A M L X C
O I N O B R A C A L L D E Q S A
L X Q K Y E L G C O I K T I I T
G E C U Z A D I R X R A J A A A
F R Q H I W J W D O G L L X L L
S A L E J D X J O Z I L L W O I
Z E Q R E N O I Z A E R I O C Z
N L K O X X E L E T T R O N E Z
A C J L D N G G J W Q O N E L A
S U C A E F I A Z P K P E G O T
E N C C K P O I S E R F G I M O
E N Z I M A N A A A S O S N R
S X Q Q Q N E E J H Z Y R S R E
T E M P E R A T U R A E D O E S
A L C A L I N O E G W B I U B P
C U A H Q N C U E U Q Q B M S N
```

ALCALINO
ACIDO
CALORE
CARBONIO
CATALIZZATORE
CLORO
ELETTRONE
ENZIMA
GAS
IDROGENO

IONE
LIQUIDO
METALLI
MOLECOLA
NUCLEARE
OSSIGENO
PESO
REAZIONE
SALE
TEMPERATURA

83 - Gobierno

```
U  J  Z  T  E  N  O  I  S  S  U  C  S  I  D  M
T  G  F  W  N  O  I  R  A  I  Z  I  D  U  I  G
E  F  U  T  G  B  C  G  U  I  J  P  C  H  S  I
C  A  W  A  D  E  A  K  K  P  O  O  D  G  C  N
P  O  O  J  G  K  T  X  M  X  T  L  C  I  O  D
K  J  S  S  E  L  I  V  I  C  Z  I  I  Q  R  I
G  A  Z  T  J  T  I  C  A  P  O  T  T  S  S  P
P  I  P  N  I  Q  L  A  J  J  Q  I  T  T  O  E
K  Z  U  C  E  T  Q  F  N  T  J  C  A  A  T  N
Z  A  K  S  À  W  U  A  G  Z  P  A  D  T  N  D
F  R  Y  X  T  T  Z  Z  M  G  A  W  I  O  E  E
L  C  B  I  R  I  G  C  I  C  C  O  N  X  M  N
E  O  E  X  E  A  Z  E  N  O  I  Z  A  N  U  Z
G  M  C  I  B  T  T  I  S  I  N  G  N  B  N  A
G  E  W  I  I  U  Q  L  A  R  X  E  Z  N  O  G
E  D  S  E  L  A  N  O  I  Z  A  N  A  X  M  Q
```

CITTADINANZA   GIUDIZIARIO
CIVILE   GIUSTIZIA
COSTITUZIONE   LEGGE
DEMOCRAZIA   LIBERTÀ
DISCORSO   CAPO
DISCUSSIONE   MONUMENTO
STATO   NAZIONALE
UGUAGLIANZA   NAZIONE
INDIPENDENZA   POLITICA

84 - Creatividad

```
W E M E À P I S O A À W P I E I
I N M N T Z À T C Z T R K U M M
X O A O I N T U I Z I O N E O M
E I P I C J I C T E L C F E Z A
F S K Z I P L I S R A P S D I G
L S P A T X I I I A T P U I O I
U E X R N H B B T I I Z D G N N
I R H I E Y A M R H V F W S I E
D P U P T S S W A C B M E J Y E
I M R S U C S S P O N T A N E O
T I I I A P O I V I S I O N I W
À W O N O A E N O I Z A S N E S
I N T E N S I T À N X D U L U G
I N V E N T I V O C E D N G Z O
D R A M M A T I C O M M M U I Z
I M M A G I N A Z I O N E N H N
```

ARTISTICO	IMMAGINE
AUTENTICITÀ	IMMAGINAZIONE
CHIAREZZA	IMPRESSIONE
DRAMMATICO	ISPIRAZIONE
EMOZIONI	INTENSITÀ
SPONTANEO	INTUIZIONE
ESPRESSIONE	INVENTIVO
FLUIDITÀ	SENSAZIONE
ABILITÀ	VISIONI
IDEE	VITALITÀ

85 - Filantropía

```
K Q H Z C D O N A R E N O B C P
N E W E N O I S S I M G E A O E
W L K L L Q M A Ù Q Q E N M N H
C A R I T À M U T Y I H O B T Y
D B H A E T C H N G T U S I A E
M O M O K I J B E I R T R N T T
R L U Y I N B D V W T U E I T G
Q G W I S A I R O T S À P H I P
T Z A X D M O C I L B B U P V R
K O Z H R U B C G U Y C P G I O
G E N E R O S I T À F F J I T G
P D A G S I Z L B T F O K T T R
A W N P O U W T H S C N J L E A
G Y I C U S O E A E W D Q Z I M
E P F H X B I S A N D I D A B M
C B W D R B Q B W O Q T S M O I
```

CARITÀ	STORIA
COMUNITÀ	ONESTÀ
CONTATTI	UMANITÀ
DONARE	GIOVENTÙ
FINANZA	OBIETTIVI
FONDI	MISSIONE
GENEROSITÀ	BISOGNO
PERSONE	BAMBINI
GLOBALE	PROGRAMMI
GRUPPI	PUBBLICO

86 - Comida #2

```
P P A W Z R I S O F O I C R A C
O O Z M N A L D V A J F R Z V L
L M E O Z W M W O N U H O M U E
L O N G Q R I K U A N C T I Z C
O D Z U B W S D E Z A N A N A B
X O E H X T I T M N A Q L A F Y
H R R E B F A E B A J D O F O P
T O O N S E E K M L N J C O Y L
S Y C A B C M P Q E N D C T A D
Z E L O S A R I G M L K O B O U
Z P D N Y W L W D R K A I R U Z
K F C A I G E I L I C O C N L W
M O H R N B E K Y O G U R T C A
S L H G O O I G G A M R O F E M
Z Q F Z Y M M C W L P A N E L H
U Q L J N C G B H S G Z C S R R
```

CARCIOFO
MANDORLA
SEDANO
RISO
MELANZANA
CILIEGIA
CIOCCOLATO
GIRASOLE
UOVO
ZENZERO

KIWI
MELA
PANE
BANANA
POLLO
FORMAGGIO
POMODORO
GRANO
UVA
YOGURT

87 - Arte

```
S U N T B D B U D T W U N J C Q
G O Y Y A C I M A R E C W R T C
E V G D O U T O T A R I P S I L
I I X G Q E A R U T L U C S N E
Z S Z W E Q Q E L A N I G I R O
L I W C E T S I M B O L O G X Q
N V B B N P T T S L U N R Y J T
Z R G N M A R O A N U L O Q Q Z
R Q I E S P R E S S I O N E Y W
D J N T C O M P L E S S O P G B
J I U Y R S U R R E A L I S M O
U Q P H T A I S E O P I T E X W
J J T I E L R F I G U R A Q W T
G E L A N O S R E P O N E S T O
I E I I T T J D E C I L P M E S
R P G X M S I C R E A R E B D C
```

CERAMICA   PERSONALE
COMPLESSO   DIPINTI
CREARE   POESIA
SCULTURA   RITRARRE
ESPRESSIONE   SEMPLICE
FIGURA   SIMBOLO
ONESTO   SURREALISMO
UMORE   SOGGETTO
ISPIRATO   VISIVO
ORIGINALE

88 - Diplomacia

```
C X E R W E S Q G D A C M F I D
E O B Z E T H S I I M O A C N P
R O M J U I Q Y U S B O K O T O
E I Q U G C I G S C A P P N E L
I R S X N A X Q T U S E S F G I
L A T O I I K L I S C R O L R T
G T R R L U T X Z S I A L I I I
I I A E J U A À I I A Z U T T C
S N T I E S Z U A O T I Z T À A
N A T N I D Z I C N O O I O K C
O M A A X L E H O E R N O A E U
C U T R W J R N K N E E N E S B
P Y O T E C U H R D E A E B Z Z
Y X L S Y W C L G O V E R N O L
D I F W O C I T A M O L P I D L
L A T A I C S A B M A G W P Y E
```

CONSIGLIERE	GOVERNO
COMUNITÀ	UMANITARIO
CONFLITTO	LINGUE
COOPERAZIONE	INTEGRITÀ
DIPLOMATICO	GIUSTIZIA
DISCUSSIONE	POLITICA
AMBASCIATA	RISOLUZIONE
AMBASCIATORE	SICUREZZA
STRANIERO	SOLUZIONE
ETICA	TRATTATO

89 - Herboristería

```
G A K E W K T J F E T X Q M Q B
U J X D I D P O I R A N I L U C
S O O A H L X O N A R E F F A Z
T G F O I K O L O M E Z Z E R P
O K X I U W W O C I T A M O R A
M K O L N F H K C A K N F T Z A
Q A R G O G P W H C C H O E U U
G U G A K H R Z I L A V A N D A
I Q A G F Q M E O P A I Z A W V
A F T L I X Z B D F I O R E L E
R B N M I O Z Y P I M E N T A R
D C A N Z T R W S I E J J P O D
I G I G A J À A E U T N I U M E
N F P R Z N D O N L R U T Y M C
O B A S I L I C O A B S Z E I L
R O S M A R I N O F O T D G X M
```

AGLIO
BASILICO
AROMATICO
ZAFFERANO
QUALITÀ
CULINARIO
ANETO
FIORE
FINOCCHIO
INGREDIENTE

GIARDINO
LAVANDA
MAGGIORANA
MENTA
PREZZEMOLO
PIANTA
ROSMARINO
GUSTO
VERDE

90 - Energía

```
C D C E Y B F T C B L E S E I D
P A Z L K X O X A A T R L L W N
I H R C W S T X R T K G Q E E C
C Q P B Z H O C B T P R Q T A B
T D R P U F N Z O E Y W E T I C
E U I N I R E R N R Z X I R R W
I G R N H K A F I I I R D I T H
R D E B Y M T N O A T U D C S E
Q P R T I W X A T F A A J O U K
K W B O T N E V T E L O S P D I
Z I J H G I A E L E T T R O N E
R W G S A E L I B A V O N N I R
V A P O R E N N U C L E A R E O
P T A O N K E O B E N Z I N A T
Q X Y G I N Q U I N A M E N T O
E N T R O P I A C A L O R E S M
```

BATTERIA
CALORE
CARBONIO
CARBURANTE
INQUINAMENTO
DIESEL
ELETTRONE
ELETTRICO
ENTROPIA
FOTONE

BENZINA
IDROGENO
INDUSTRIA
MOTORE
NUCLEARE
RINNOVABILE
SOLE
TURBINA
VAPORE
VENTO

91 - Insectos

```
S C A V A L L E T T A C U H R L
Q C F Y W Z C U I Y X A P S E V
S C A L U L L E B I L L T B Q Y
S X L R H Z O M S L L A E N Q C
Y I A C A W W R L A A B R J M D
N A C S X F N E G K Z R M A Q X
F G I R I A A V R A L O I C T P
A X C L G L A G R E D N T Q Y U
R F O R M I C A G Y I E E I J L
F E J A N S Y E D I T N A M L C
A C M H Y Y P F A K O B Y Q O E
L W M P X T R U A R A Z N A Z O
L G A T S U C O L L Z R Q F N Y
A P S P S R U L P S E J G I J S
C A L L E N I C C O C N M D P B
C O L E O T T E R O M W A E Q B
```

APE
VESPA
CALABRONE
AFIDE
CICALA
SCARAFAGGIO
COLEOTTERO
VERME
FORMICA
LOCUSTA

LARVA
LIBELLULA
MANTIDE
FARFALLA
COCCINELLA
ZANZARA
FALENA
PULCE
CAVALLETTA
TERMITE

92 - Especias

```
C Y W L C M S F B L X B D C V N
U C M R R A P T Z F G Z E F A O
M L O R E Z N E Z S P E P E N C
I X C G O H C N L R H C U X I E
N C H T D C Q T E O F I Q C G M
O N A R E F F A Z L R N E A L O
U A T O T G Z S A R L A B R I S
U J A Q S Y O C K D I A M D A C
L I Q U I R I Z I A N U F A D A
B E Z T N R H L R E M S M M W T
A G L I O U C I P O L L A O D A
Z G M A T C C C A D P W D M O X
Q K E Q S M O L P I H C W O L W
N W R G U Z N C G C S G H K C E
R K D J G P I J B A N Y D D E D
B W E F G H F K G E P C P H P K
```

ACIDO	DOLCE
AGLIO	FINOCCHIO
AMARO	ZENZERO
ANICE	NOCE MOSCATA
ZAFFERANO	PAPRIKA
CANNELLA	PEPE
CARDAMOMO	LIQUIRIZIA
CIPOLLA	GUSTO
CUMINO	SALE
CURRY	VANIGLIA

93 - Emociones

```
B Z L G R I L A S S A T O H C T
K E M E C C J O P J J C I E T P
G F U N E O T T A F S I D D O S
O P Q T X T N G K W J C W O G W
Q M B I S A I T A P M I S N T R
A B C L R H B E R A B B I A I
A M G E Z G N D J N P Q X P M L
M E Q Z C Q Q R C P U A W P L I
O A Z Z E R E N E T A T C P A E
R O R A M C I G H Y I U O E C V
E J H Z A S E R P R O S R P B O
T R I S T E Z Z A G N C I A Z Z
E H G R L I M B A R A Z Z A T O
T R A N Q U I L L I T À B U E H
B E A T I T U D I N E U L J Y F
Y P E O A M N I G I O I A Y F P
```

NOIA	RABBIA
GRATO	PAURA
GIOIA	PACE
RILIEVO	RILASSATO
AMORE	SODDISFATTO
IMBARAZZATO	SIMPATIA
BEATITUDINE	SORPRESA
GENTILEZZA	TENEREZZA
CALMA	TRANQUILLITÀ
CONTENUTO	TRISTEZZA

94 - Jazz

```
A  G  E  W  Q  O  N  V  E  C  C  H  I  O  P  Q
A  Q  R  A  Q  E  R  O  T  I  S  O  P  M  O  C
M  S  S  Y  P  B  H  C  N  N  T  F  M  K  F
B  A  T  T  E  R  I  A  H  B  H  Q  A  U  C  A
C  A  N  Z  O  N  E  Z  I  E  D  A  W  S  O  M
B  O  G  T  E  T  R  X  W  N  S  G  Z  I  M  O
F  A  C  Q  C  A  A  C  B  A  N  T  P  C  P  S
I  H  Y  M  P  L  T  L  I  C  J  S  R  A  O  O
T  T  A  W  N  B  S  E  E  I  Z  Y  C  A  S  N
S  T  I  L  E  U  I  P  K  N  P  H  O  C  I  U
I  L  S  R  R  M  T  E  S  C  T  N  N  W  Z  O
C  F  A  E  E  A  R  J  Z  E  W  O  C  Y  I  V
I  R  F  R  N  F  A  R  I  T  M  O  E  C  O  O
S  K  N  R  E  K  E  C  I  Q  S  F  R  K  N  W
U  A  E  A  G  A  Y  R  K  G  B  D  T  W  E  E
M  C  U  P  Q  R  W  I  P  W  I  A  O  I  A  Y
```

ARTISTA	GENERE
ALBUM	MUSICA
CANZONE	MUSICISTI
COMPOSIZIONE	NUOVO
COMPOSITORE	ORCHESTRA
CONCERTO	RITMO
STILE	TALENTO
ENFASI	BATTERIA
FAMOSO	TECNICA
PREFERITI	VECCHIO

95 - Mediciones

```
K F L A C X E P C O M S Y J H D
J M I Y A Y K R H R G E R L P E
M B T T K C G O I T D H T P Q C
X X R N H O P F L E Z N L R C I
F X O S E P M O O M M A R G O M
M I N U T O U N G O B T A T N A
A L T E Z Z A D R L J M T L S L
Z M M C L D D I A I T B A M W E
Z D B I W U U T M H B F L S K F
E M U L O V N À M C G U L J S G
H X Y L O L G G O D R I E I P A
G I Y O F R U U H Y I E N Z O N
R Q R P O N C I A E F M N B L Y
A G R A D O Y G F B Z A O Y C J
L C E N T I M E T R O Z T T E K
T P D O T Y O H I Y O I A E C Y
```

ALTEZZA   LUNGHEZZA
LARGHEZZA   MASSA
BYTE   METRO
CENTIMETRO   MINUTO
DECIMALE   ONCIA
GRADO   PESO
GRAMMO   PROFONDITÀ
CHILOGRAMMO   POLLICE
CHILOMETRO   TONNELLATA
LITRO   VOLUME

96 - Barcos

```
F O L O C N C I J C C I M Y I H
T I X T Z A Z W D L O I A B A M
R G U T B G N Y A K R Y R D L E
A G T M S A K O D J D P I X E L
G A T Z E R A M A I A P N D V T
H P K Y R K R Q B B Q C A P A C
E I R S O C E M A R E A I P A I
T U Y P T S T H C A Y U O A C A
T Q X P O W T F F U A L B E R O
O E A A M P A O N A E C O I A K
P P T I W W Z K Z A I B O A B L
K A Y A K F J C C R U T H R C G
M A R I T T I M O O D T S D A Q
J X M Q T Q I A T C D R I Y M W
L A G O Y E B C Y N S I D C K H
J T H X Q D E U M A I N C K O Y
```

ANCORA	MARINAIO
ZATTERA	MARITTIMO
BOA	ALBERO
CANOA	MOTORE
CORDA	NAUTICO
TRAGHETTO	OCEANO
KAYAK	FIUME
LAGO	EQUIPAGGIO
MARE	BARCA A VELA
MAREA	YACHT

97 - Antártida

```
A E C H K N U V O L E M N D P N
O I K E A H I M N I A A O D G Y
P L C N H Q C W X P C X Z L L A
I L F O N W I O S O I C C O R I
P E N I S O L A N S F J A A N F
S C H Z W L N A M T N E F I Y A
Q C J I J R Y Z I A I M P N H R
U U I D A D K R N C N N D D O G
F L Y E B A I A E Q I N E D K O
G L H P N C C Z R U U W L N Q E
I H Z S F T R N A A G Z Z Q T G
I S O L E R I O L A N A Y F H E
Q Y J H K X L F I R I X N Y G O
A J L M T L P X I B P M Y G Q W
G H I A C C I A I C T P K G S K
M I G R A Z I O N E O D P H G X
```

ACQUA
BAIA
SCIENTIFICO
CONTINENTE
SPEDIZIONE
GEOGRAFIA
GHIACCIAI
GHIACCIO

ISOLE
MIGRAZIONE
MINERALI
NUVOLE
UCCELLI
PENISOLA
PINGUINI
ROCCIOSO

98 - Mamíferos

```
F W E B H F B F Q X B U F C M T
G C L P I K A F F A R I G O P Q
U H A J N O L R Q K G G Y N J C
H B I M Z B E P L O V O F I P O
D D M T M T N G A T T O N G E Y
T G M K Q E A F J Z L W Y L C O
T I I R D N L O E N X C S I O T
N B C I D A L L I R O G L O R E
O K S B Y C G G O S R O U L A Z
U T O R O X H M U C U D P L N E
E L E F A N T E C I G F O A X B
D E L F I N O Y F D N H I V M R
W Z I J Q Z A G M E A H W A Q A
A S I N O H C J E P C Z M C X P
B W J A F D X O A J J S Y F M Q
Y C C R Q E K C C M J P Z G C Y
```

BALENA
ASINO
CAVALLO
CAMMELLO
CANGURO
ZEBRA
CONIGLIO
COYOTE
DELFINO
ELEFANTE

GATTO
GORILLA
GIRAFFA
LUPO
SCIMMIA
ORSO
PECORA
CANE
TORO
VOLPE

99 - Abejas

```
X  G  G  W  J  P  J  F  M  I  E  L  E  H  O  P
P  F  T  J  P  G  À  T  I  S  R  E  V  I  D  O
P  G  I  A  R  D  I  N  O  O  K  N  G  I  S  L
L  I  A  O  F  D  W  E  Z  N  R  C  J  N  O  L
I  C  A  N  T  M  T  Z  L  U  U  I  C  S  L  I
B  W  T  N  A  J  C  L  Q  N  X  T  I  E  E  N
P  M  T  W  T  A  T  I  B  A  H  B  B  T  W  E
U  I  U  F  G  E  R  I  R  O  I  F  O  T  B  M
F  K  R  S  Y  M  A  M  E  T  S  I  S  O  C  E
P  U  F  T  O  A  W  D  C  F  O  B  U  J  A  O
I  R  M  D  O  I  I  D  T  A  Z  Y  M  U  I  D
W  J  C  O  O  C  I  F  E  N  E  B  C  E  R  A
Q  L  Q  N  I  S  L  T  I  I  Q  X  B  G  X  L
G  T  A  L  I  W  G  A  R  G  F  N  I  E  Z  N
O  Y  J  Y  A  C  I  P  F  E  P  F  S  P  H  G
L  R  P  F  A  L  V  E  A  R  E  F  H  L  Y  H
```

ALI	FRUTTA
BENEFICO	HABITAT
CERA	FUMO
ALVEARE	INSETTO
CIBO	GIARDINO
DIVERSITÀ	MIELE
ECOSISTEMA	PIANTE
SCIAME	POLLINE
FIORIRE	REGINA
FIORI	SOLE

100 - Psicología

```
S  K  M  E  E  D  I  N  G  O  S  Z  K  S  I  I
E  G  P  M  V  A  L  U  T  A  Z  I  O  N  E  N
N  P  O  O  T  N  E  M  A  T  N  U  P  P  A  F
S  E  L  Z  I  T  E  R  A  P  I  A  K  X  M  A
A  N  L  I  W  C  Q  O  B  W  T  F  N  D  E  N
Z  S  E  O  I  C  S  N  O  C  B  U  S  Y  L  Z
I  I  G  N  R  I  C  N  À  T  L  A  E  R  B  I
O  E  O  I  O  Z  L  W  O  K  F  Z  N  Z  O  A
N  R  Q  U  R  Z  P  I  P  C  L  A  O  L  R  S
E  I  C  O  U  K  O  K  J  I  N  P  I  G  P  G
C  L  I  N  I  C  O  E  I  J  N  I  Z  F  F  B
O  H  A  C  O  M  P  O  R  T  A  M  E  N  T  O
R  W  A  E  N  O  I  Z  I  N  G  O  C  E  Q  E
B  W  S  W  À  T  I  L  A  N  O  S  R  E  P  Z
C  O  N  F  L  I  T  T  O  N  K  Q  E  K  U  J
I  M  I  J  E  M  U  R  E  F  F  G  P  N  J  J
```

APPUNTAMENTO	INFANZIA
CLINICO	PENSIERI
COGNIZIONE	PERCEZIONE
COMPORTAMENTO	PERSONALITÀ
CONFLITTO	PROBLEMA
EGO	REALTÀ
EMOZIONI	SENSAZIONE
VALUTAZIONE	SUBCONSCIO
IDEE	SOGNI
INCONSCIO	TERAPIA

1 - Arqueología

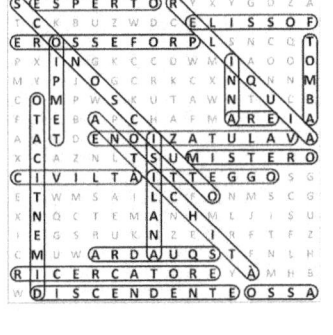

2 - Granja #2

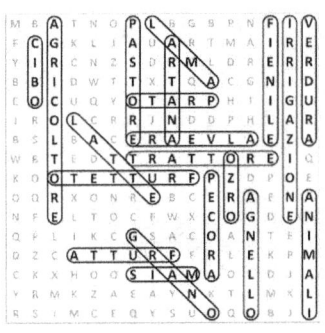

3 - La Empresa

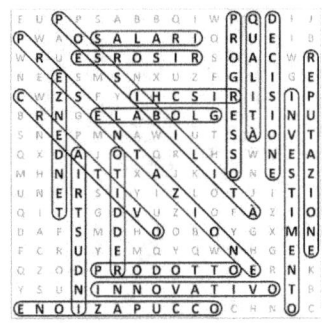

4 - Aviones

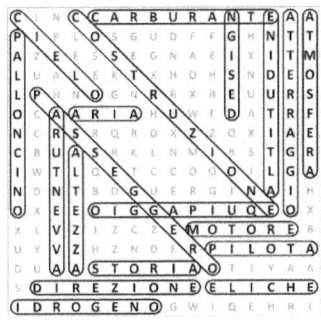

5 - Tipos de Cabello

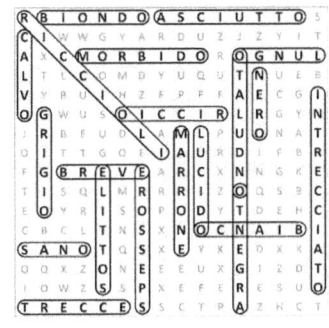

6 - Ética

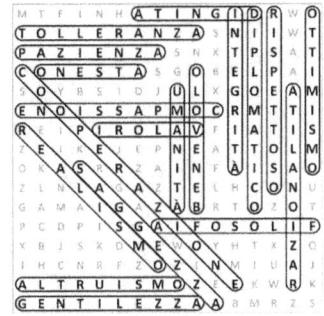

7 - Ciencia Ficción

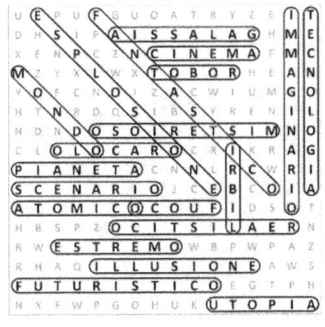

8 - Granja #1

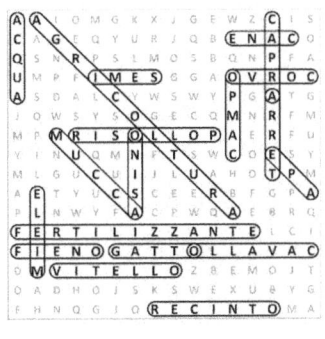

9 - Camping

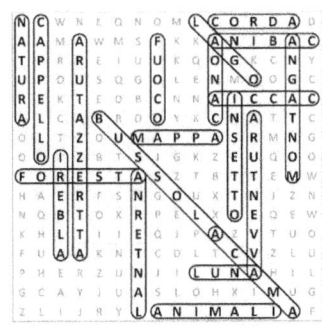

10 - Fruta

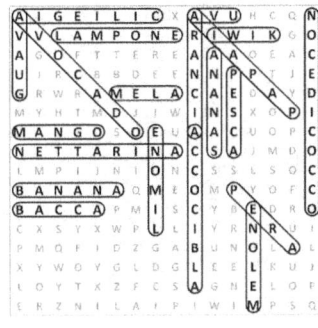

11 - Geología

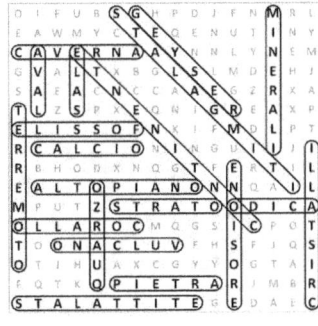

12 - Álgebra

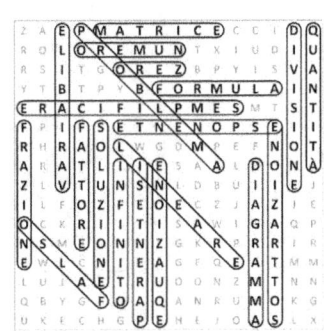

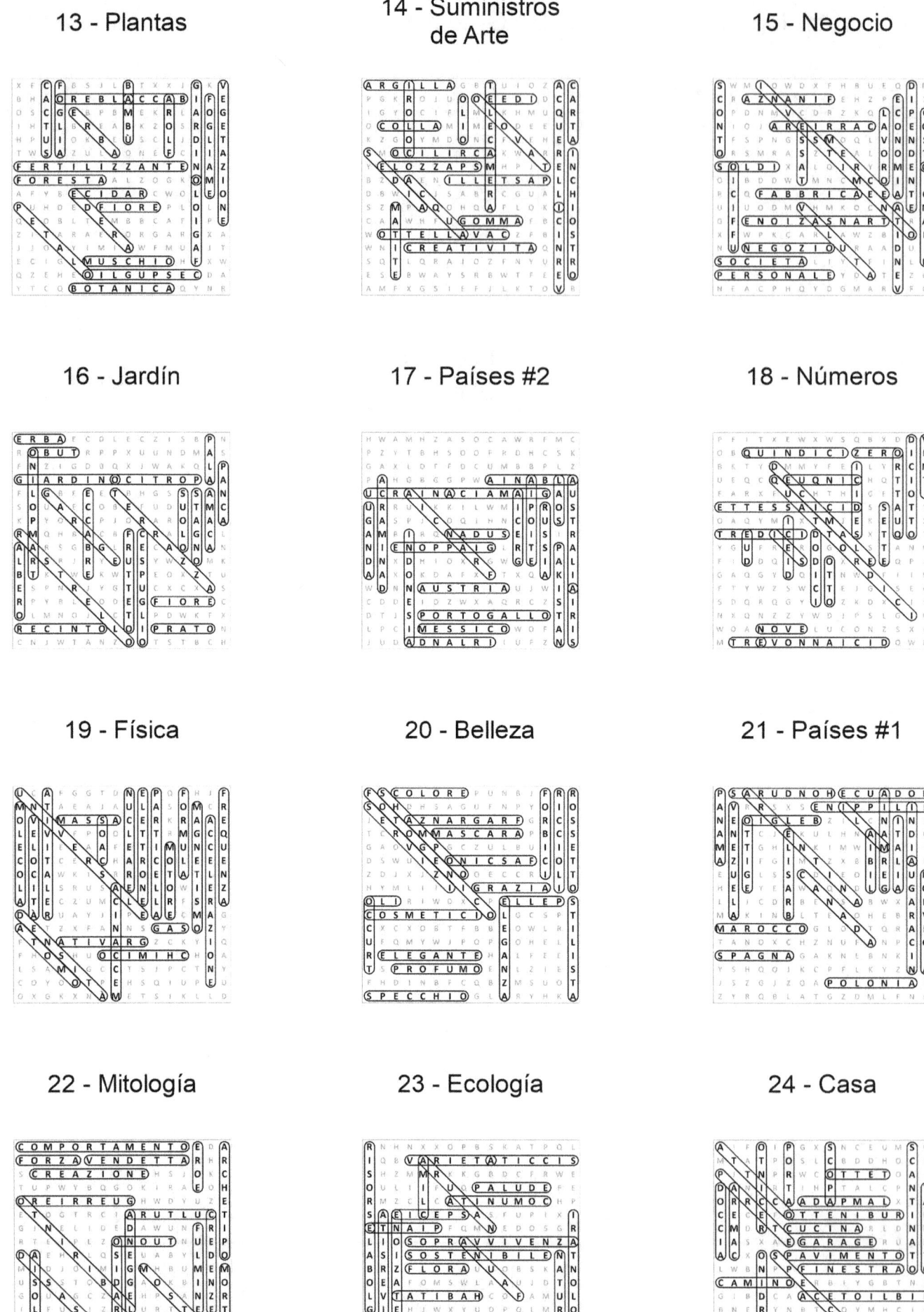

13 - Plantas

14 - Suministros de Arte

15 - Negocio

16 - Jardín

17 - Países #2

18 - Números

19 - Física

20 - Belleza

21 - Países #1

22 - Mitología

23 - Ecología

24 - Casa

25 - Salud y Bienestar #2

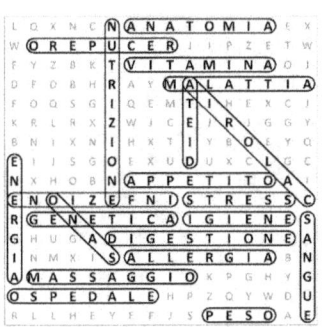

26 - Selva Tropical

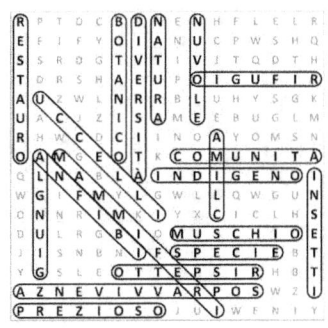

27 - Adjetivos #1

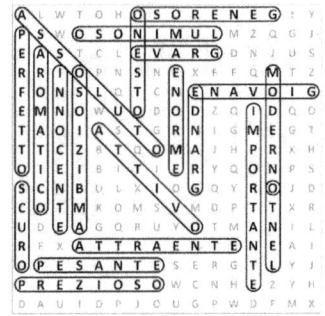

28 - Familia

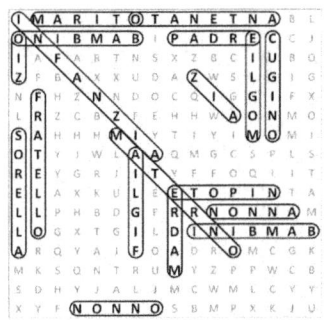

29 - Disciplinas Científicas

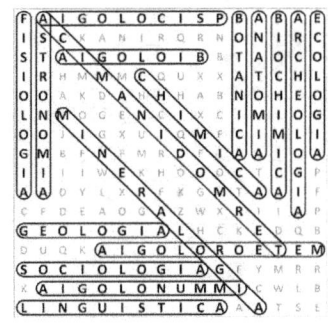

30 - Cocina

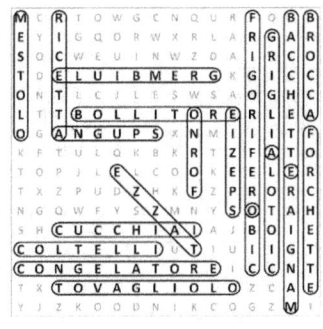

31 - Moda

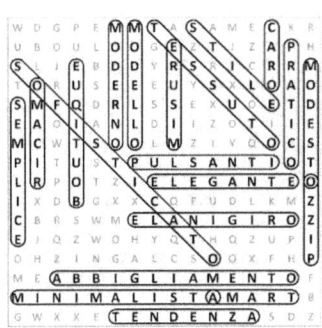

32 - Electricidad

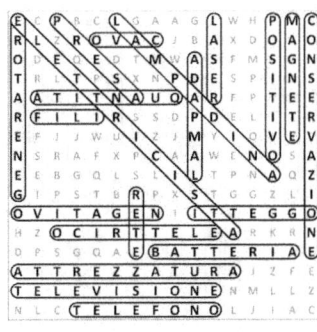

33 - Salud y Bienestar #1

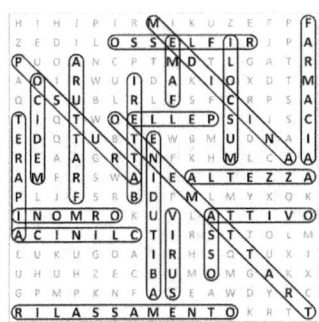

34 - Adjetivos #2

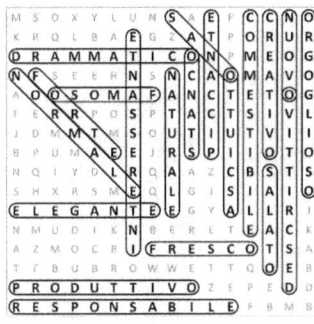

35 - Cuerpo Humano

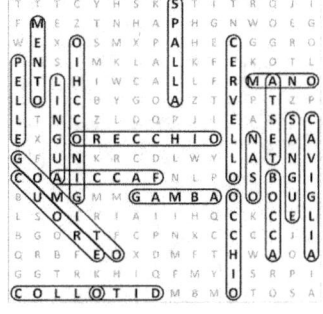

36 - Calentamiento Gl

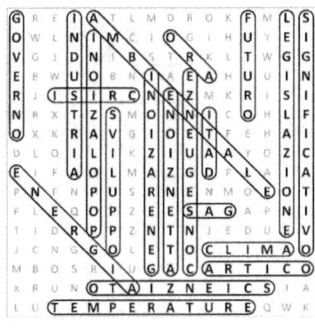

37 - Ciencia

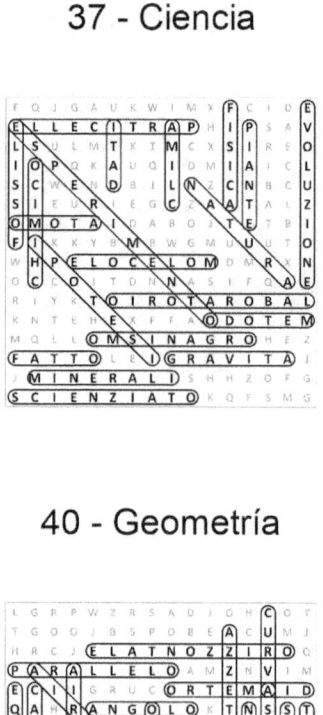

38 - Restaurante #2

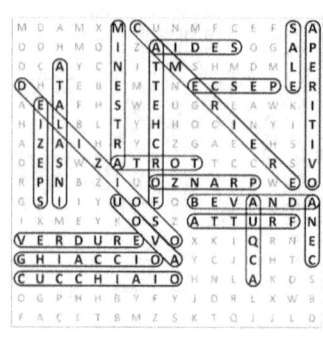

39 - Profesiones #1

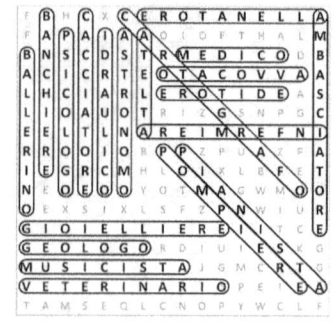

40 - Geometría

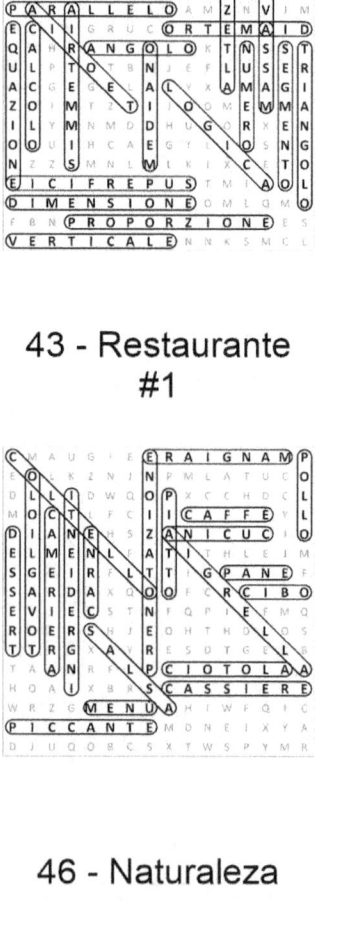

41 - Baile

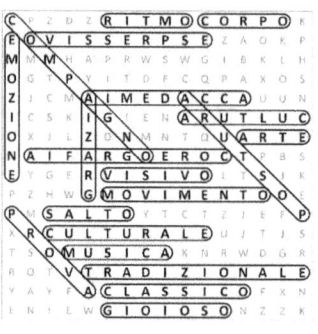

42 - Matemáticas

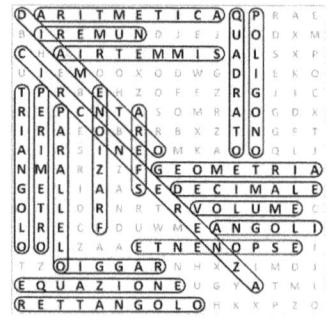

43 - Restaurante #1

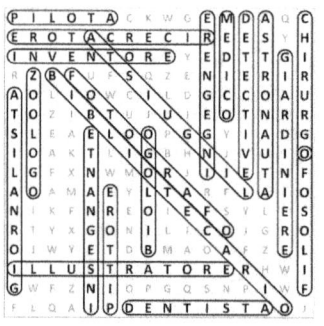

44 - Profesiones #2

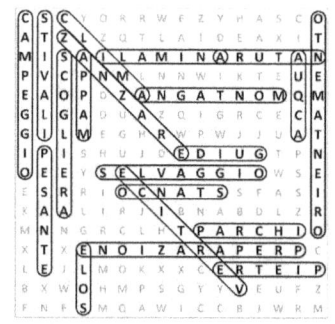

45 - Senderismo

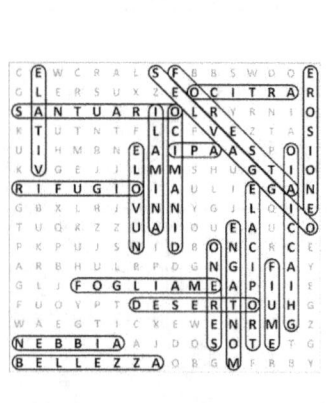

46 - Naturaleza

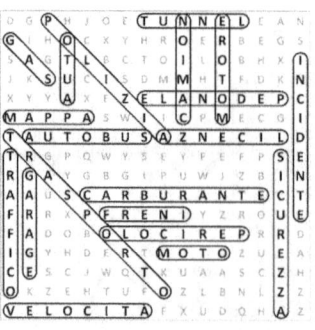

47 - Conduciendo

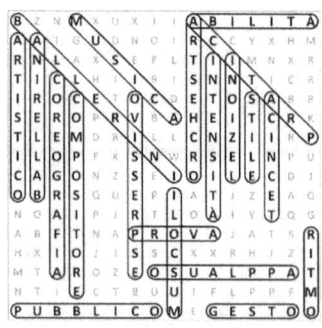

48 - Ballet

49 - Fuerza y Gravedad

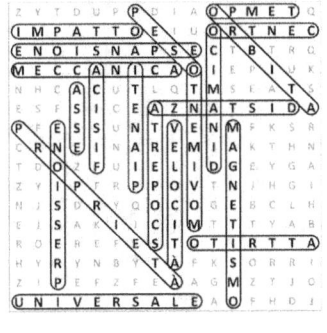

50 - Aventura

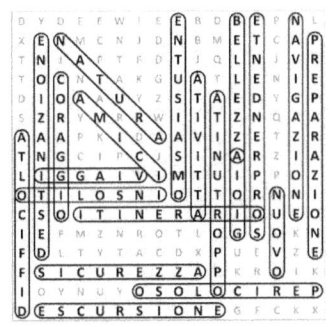

51 - Pájaros

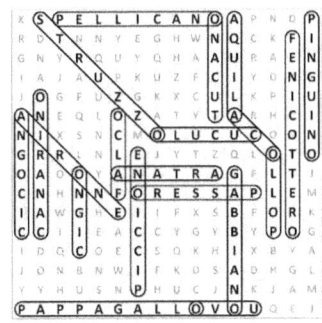

52 - Geografía

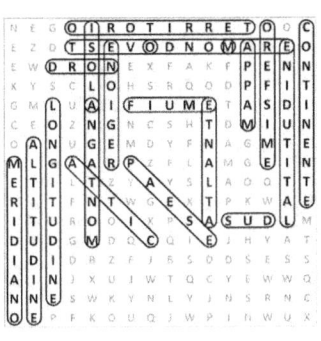

53 - Música

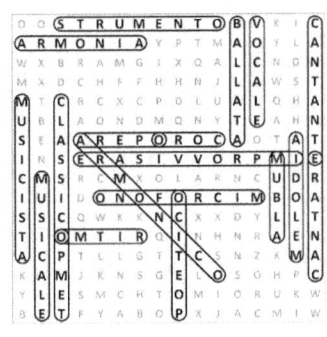

54 - Enfermedad

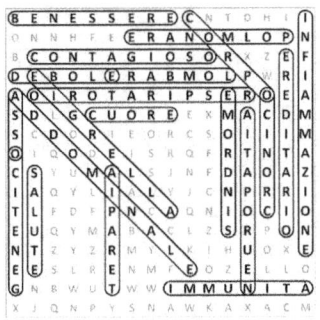

55 - Actividades

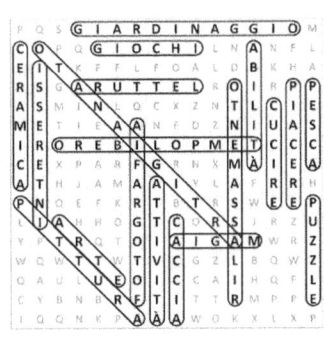

56 - Instrumentos Musicales

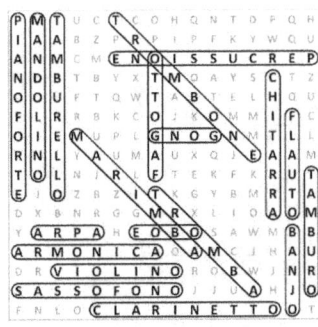

57 - Formas

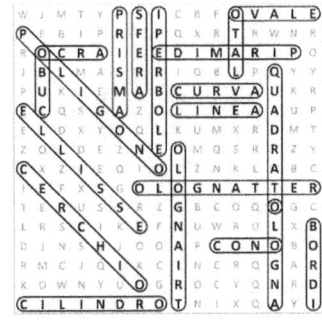

58 - Flores

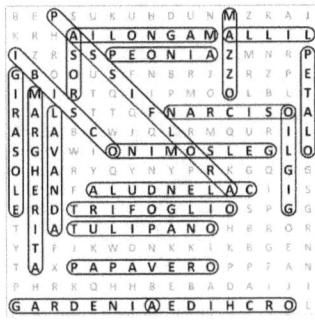

59 - Astronomía

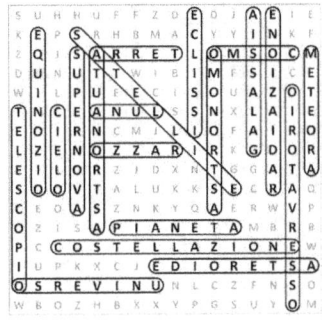

60 - Tiempo

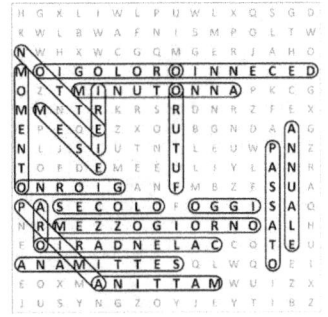

61 - Paisajes

62 - Días y Meses

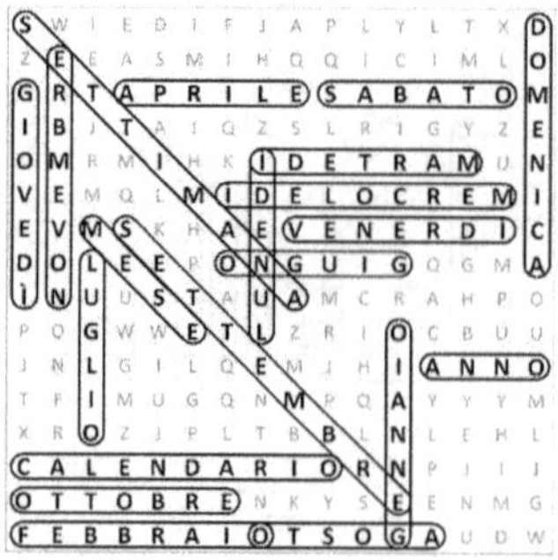

63 - Biología

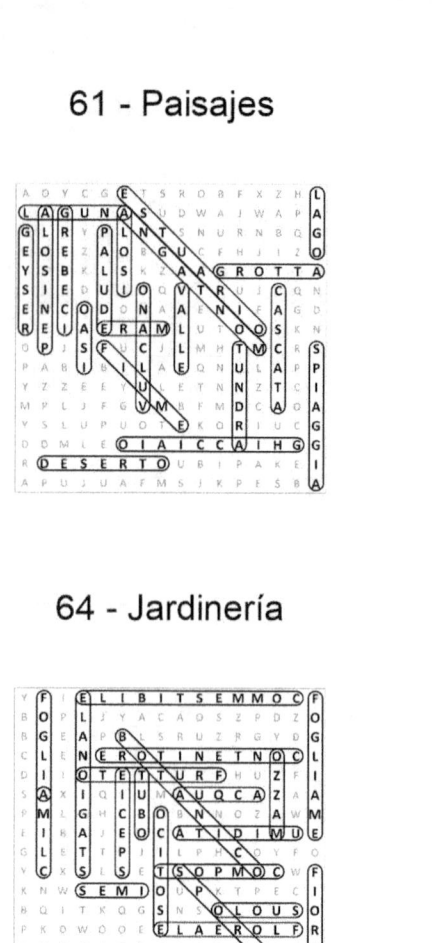

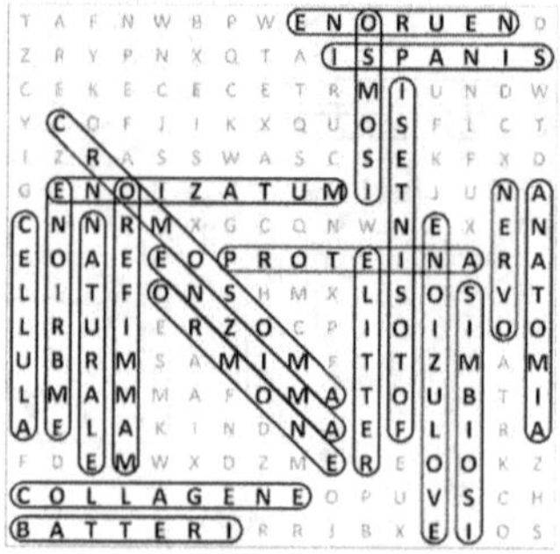

64 - Jardinería

65 - Chocolate

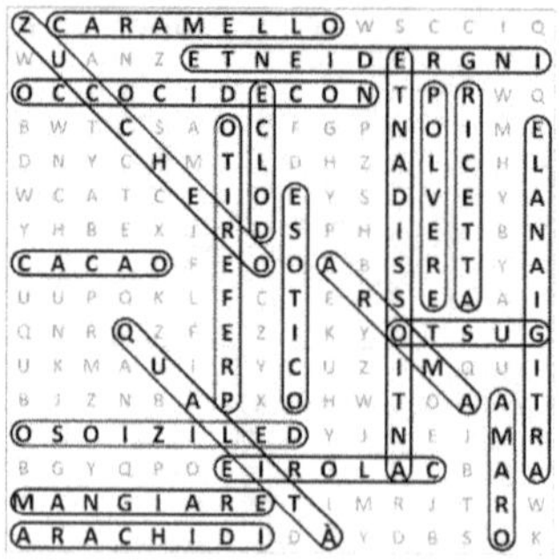

66 - Barbacoas

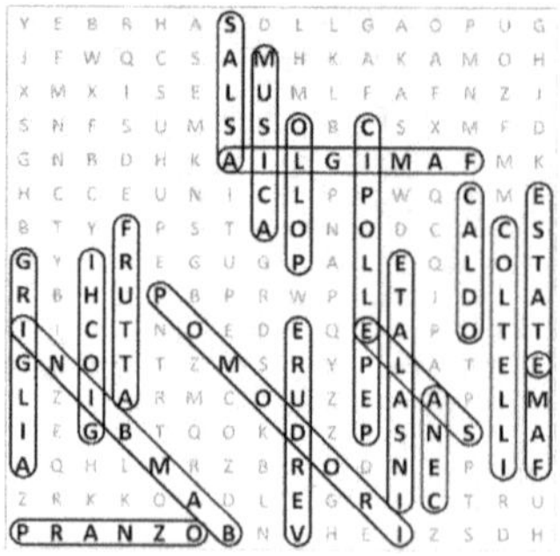

67 - Ropa

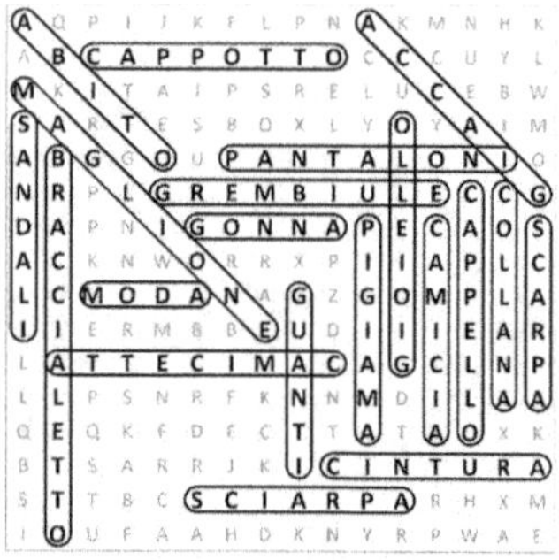

68 - Meditación

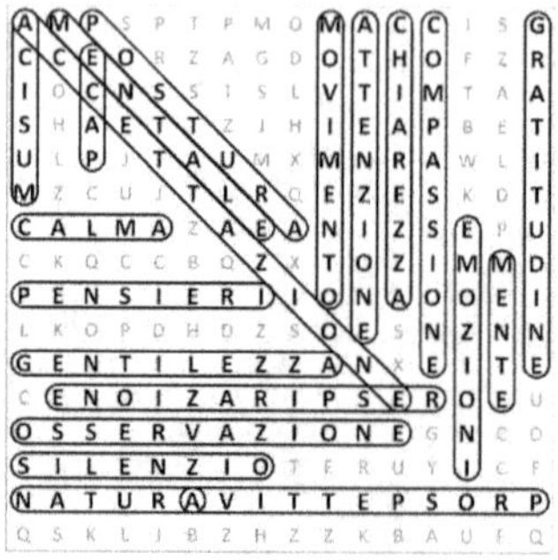

69 - Café

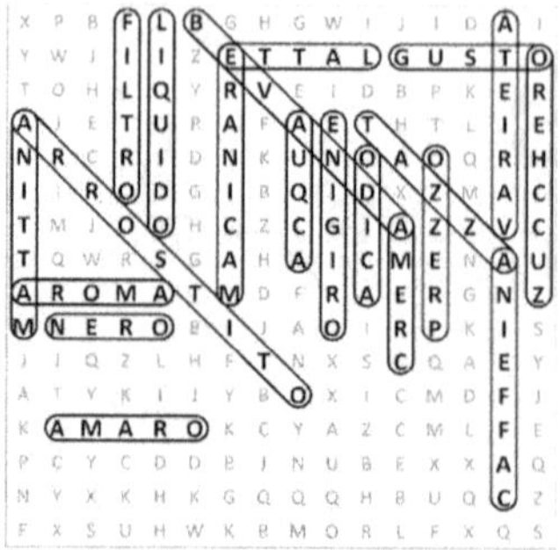

70 - Libros

71 - Los Medios de Comunicación

72 - Nutrición

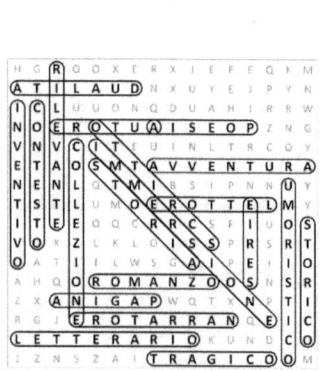
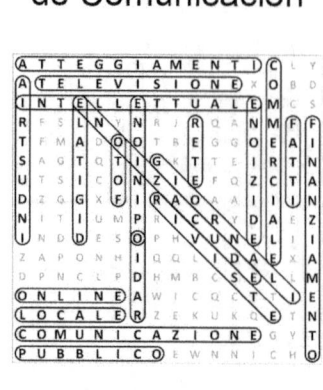
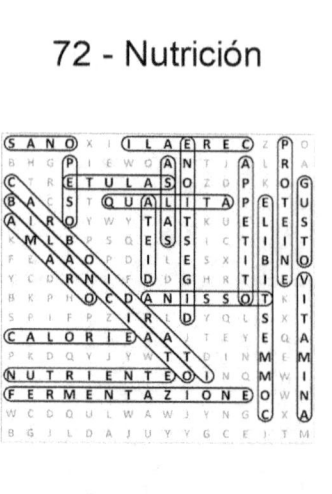

73 - Edificios

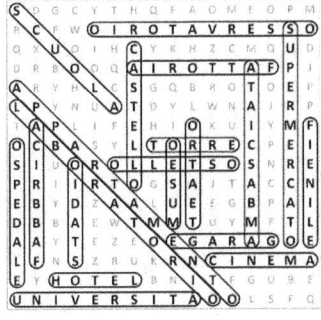

74 - Océano

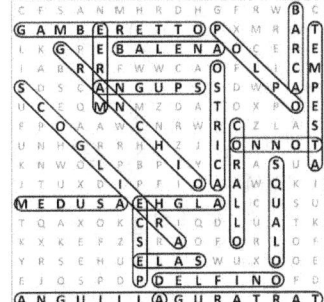

75 - Agronomía

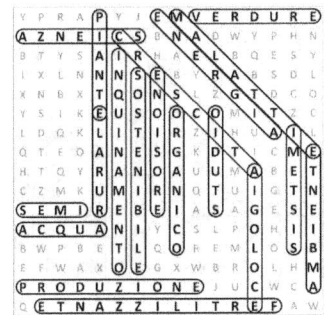

76 - Deporte

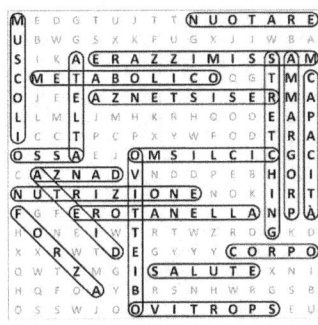

77 - Actividades y Ocio

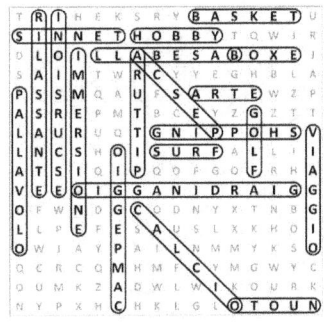

78 - Ingeniería

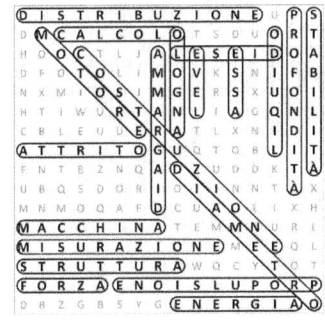

79 - Comida #1

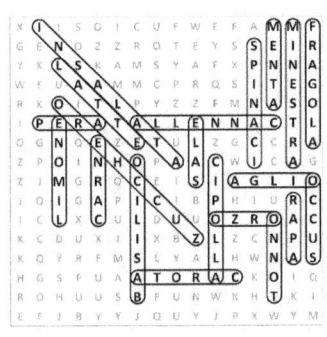

80 - Antigüedades

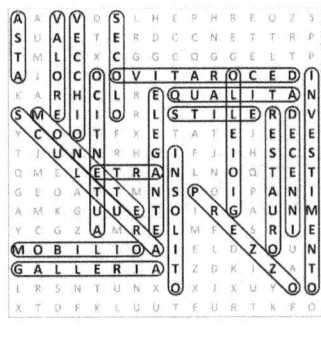

81 - Literatura

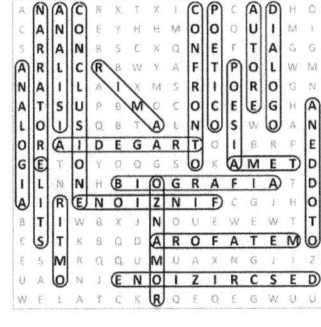

82 - Química

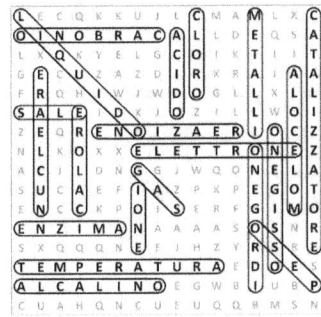

83 - Gobierno

84 - Creatividad

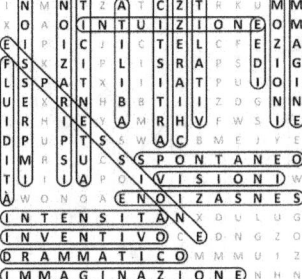

85 - Filantropía

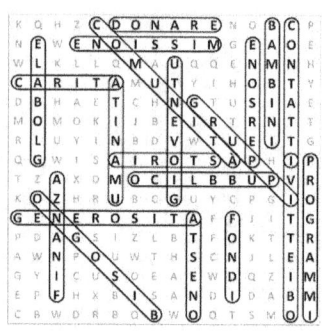

86 - Comida #2

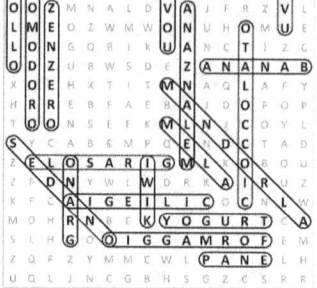

87 - Arte

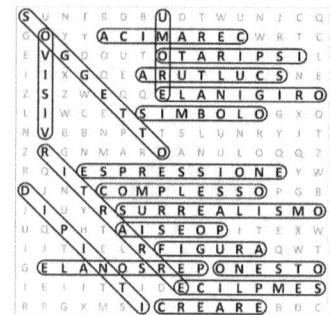

88 - Diplomacia

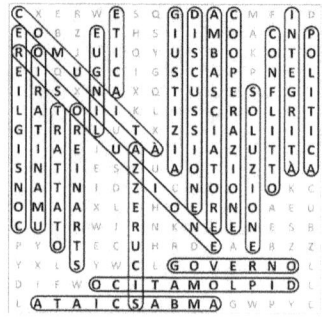

89 - Herboristería

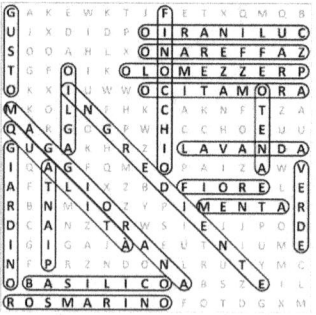

90 - Energía

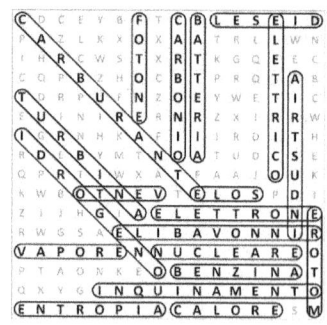

91 - Insectos

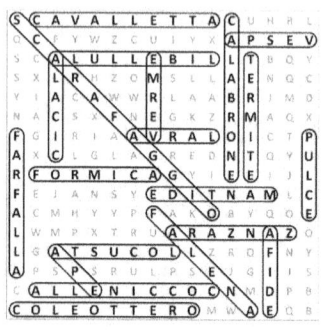

92 - Especias

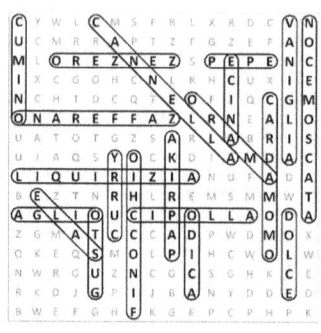

93 - Emociones

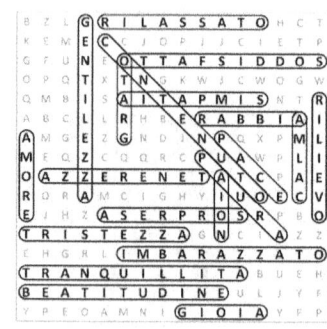

94 - Jazz

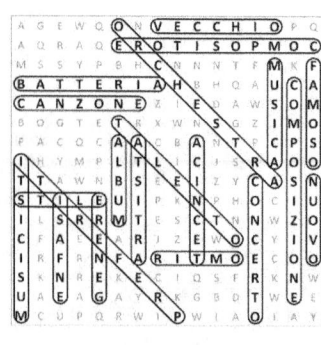

95 - Mediciones

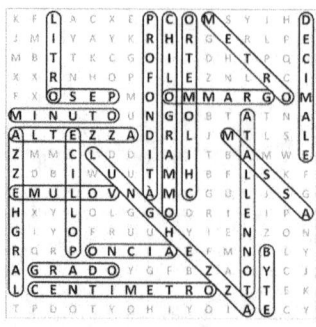

96 - Barcos

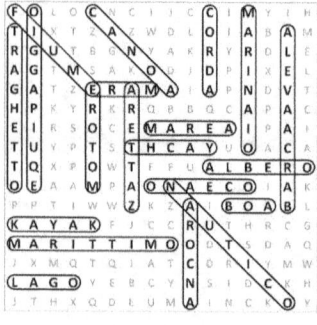

97 - Antártida

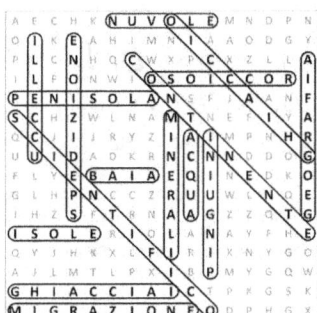

98 - Mamíferos

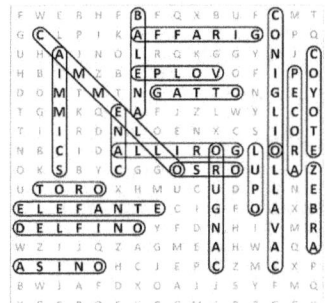

99 - Abejas

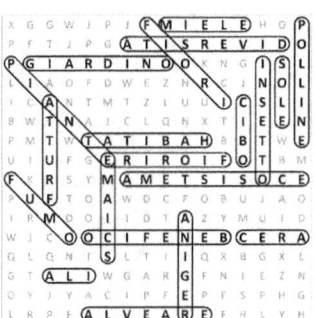

100 - Psicología

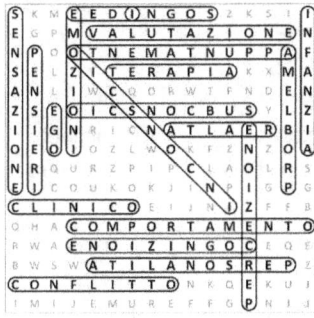

Diccionario

Abejas
Api

Alas	Ali
Beneficioso	Benefico
Cera	Cera
Colmena	Alveare
Comida	Cibo
Diversidad	Diversità
Ecosistema	Ecosistema
Enjambre	Sciame
Flor	Fiorire
Flores	Fiori
Fruta	Frutta
Hábitat	Habitat
Humo	Fumo
Insecto	Insetto
Jardín	Giardino
Miel	Miele
Plantas	Piante
Polen	Polline
Reina	Regina
Sol	Sole

Actividades
Attività

Actividad	Attività
Arte	Arte
Artesanía	Artigianato
Caza	Caccia
Cerámica	Ceramica
Costura	Cucire
Fotografía	Fotografia
Habilidad	Abilità
Intereses	Interessi
Jardinería	Giardinaggio
Juegos	Giochi
Lectura	Lettura
Magia	Magia
Ocio	Tempo Libero
Pesca	Pesca
Pintura	Pittura
Placer	Piacere
Relajación	Rilassamento
Rompecabezas	Puzzle
Senderismo	Escursioni

Actividades y Ocio
Attività e Tempo Libero

Aficiones	Hobby
Arte	Arte
Baloncesto	Basket
Béisbol	Baseball
Boxeo	Boxe
Buceo	Immersione
Camping	Campeggio
Compras	Shopping
Fútbol	Calcio
Golf	Golf
Jardinería	Giardinaggio
Natación	Nuoto
Pesca	Pesca
Pintura	Pittura
Relajante	Rilassante
Senderismo	Escursioni
Surf	Surf
Tenis	Tennis
Viaje	Viaggio
Voleibol	Pallavolo

Adjetivos #1
Aggettivi #1

Absoluto	Assoluto
Activo	Attivo
Ambicioso	Ambizioso
Aromático	Aromatico
Atractivo	Attraente
Brillante	Luminoso
Enorme	Enorme
Generoso	Generoso
Grande	Grande
Honesto	Onesto
Importante	Importante
Inocente	Innocente
Joven	Giovane
Lento	Lento
Moderno	Moderno
Oscuro	Scuro
Perfecto	Perfetto
Pesado	Pesante
Serio	Grave
Valioso	Prezioso

Adjetivos #2
Aggettivi #2

Cansado	Stanco
Comestible	Commestibile
Creativo	Creativo
Descriptivo	Descrittivo
Dramático	Drammatico
Elegante	Elegante
Famoso	Famoso
Fresco	Fresco
Fuerte	Forte
Interesante	Interessante
Natural	Naturale
Normal	Normale
Nuevo	Nuovo
Orgulloso	Orgoglioso
Picante	Piccante
Productivo	Produttivo
Responsable	Responsabile
Salado	Salato
Saludable	Sano
Seco	Asciutto

Agronomía
Agronomia

Agricultura	Agricoltura
Agua	Acqua
Ciencia	Scienza
Contaminación	Inquinamento
Crecimiento	Crescita
Ecología	Ecologia
Energía	Energia
Enfermedades	Malattie
Erosión	Erosione
Estudio	Studio
Fertilizante	Fertilizzante
Medio Ambiente	Ambiente
Orgánico	Organico
Plantas	Piante
Producción	Produzione
Rural	Rurale
Semillas	Semi
Sistemas	Sistemi
Sostenible	Sostenibile
Verduras	Verdure

Antártida
Antartide

Agua	Acqua
Bahía	Baia
Científico	Scientifico
Conservación	Conservazione
Continente	Continente
Expedición	Spedizione
Geografía	Geografia
Glaciares	Ghiacciai
Hielo	Ghiaccio
Investigador	Ricercatore
Islas	Isole
Migración	Migrazione
Minerales	Minerali
Nubes	Nuvole
Pájaros	Uccelli
Península	Penisola
Pingüinos	Pinguini
Rocoso	Roccioso
Temperatura	Temperatura
Topografía	Topografia

Antigüedades
Antiquariato

Arte	Arte
Auténtico	Autentico
Calidad	Qualità
Decorativo	Decorativo
Décadas	Decenni
Elegante	Elegante
Escultura	Scultura
Estilo	Stile
Galería	Galleria
Inusual	Insolito
Inversión	Investimento
Joyas	Gioiello
Monedas	Monete
Mueble	Mobilio
Precio	Prezzo
Restauración	Restauro
Siglo	Secolo
Subasta	Asta
Valor	Valore
Viejo	Vecchio

Arqueología
Archeologia

Análisis	Analisi
Antigüedad	Antichità
Años	Anni
Civilización	Civiltà
Descendiente	Discendente
Desconocido	Sconosciuto
Equipo	Squadra
Era	Era
Evaluación	Valutazione
Experto	Esperto
Fósil	Fossile
Huesos	Ossa
Investigador	Ricercatore
Misterio	Mistero
Objetos	Oggetti
Olvidado	Dimenticato
Profesor	Professore
Reliquia	Reliquia
Templo	Tempio
Tumba	Tomba

Arte
Arte

Cerámica	Ceramica
Complejo	Complesso
Composición	Composizione
Crear	Creare
Escultura	Scultura
Expresión	Espressione
Figura	Figura
Honesto	Onesto
Humor	Umore
Inspirado	Ispirato
Original	Originale
Personal	Personale
Pinturas	Dipinti
Poesía	Poesia
Retratar	Ritrarre
Sencillo	Semplice
Símbolo	Simbolo
Surrealismo	Surrealismo
Tema	Soggetto
Visual	Visivo

Astronomía
Astronomia

Asteroide	Asteroide
Astronauta	Astronauta
Astrónomo	Astronomo
Cielo	Cielo
Cohete	Razzo
Constelación	Costellazione
Cosmos	Cosmo
Eclipse	Eclissi
Equinoccio	Equinozio
Galaxia	Galassia
Luna	Luna
Meteoro	Meteora
Observatorio	Osservatorio
Planeta	Pianeta
Radiación	Radiazione
Satélite	Satellite
Supernova	Supernova
Telescopio	Telescopio
Tierra	Terra
Universo	Universo

Aventura
Avventura

Actividad	Attività
Alegría	Gioia
Amigos	Amici
Belleza	Bellezza
Destino	Destinazione
Dificultad	Difficoltà
Entusiasmo	Entusiasmo
Excursión	Escursione
Inusual	Insolito
Itinerario	Itinerario
Naturaleza	Natura
Navegación	Navigazione
Nuevo	Nuovo
Oportunidad	Opportunità
Peligroso	Pericoloso
Preparación	Preparazione
Seguridad	Sicurezza
Sorprendente	Sorprendente
Valentía	Coraggio
Viajes	Viaggi

Aviones
Aeroplani

Aire	Aria
Altitud	Altitudine
Altura	Altezza
Aterrizaje	Atterraggio
Atmósfera	Atmosfera
Aventura	Avventura
Cielo	Cielo
Combustible	Carburante
Construcción	Costruzione
Dirección	Direzione
Diseño	Design
Globo	Palloncino
Hélices	Eliche
Hidrógeno	Idrogeno
Historia	Storia
Motor	Motore
Pasajero	Passeggero
Piloto	Pilota
Tripulación	Equipaggio
Turbulencia	Turbolenza

Álgebra
Algebra

Cantidad	Quantità
Cero	Zero
Diagrama	Diagramma
División	Divisione
Ecuación	Equazione
Exponente	Esponente
Factor	Fattore
Falso	Falso
Fórmula	Formula
Fracción	Frazione
Infinito	Infinito
Lineal	Lineare
Matriz	Matrice
Número	Numero
Paréntesis	Parentesi
Problema	Problema
Resta	Sottrazione
Simplificar	Semplificare
Solución	Soluzione
Variable	Variabile

Baile
Danza

Academia	Accademia
Alegre	Gioioso
Arte	Arte
Clásico	Classico
Coreografía	Coreografia
Cuerpo	Corpo
Cultura	Cultura
Cultural	Culturale
Emoción	Emozione
Ensayo	Prova
Expresivo	Espressivo
Gracia	Grazia
Movimiento	Movimento
Música	Musica
Postura	Postura
Ritmo	Ritmo
Saltar	Salto
Socio	Compagno
Tradicional	Tradizionale
Visual	Visivo

Ballet
Balletto

Aplauso	Applauso
Artístico	Artistico
Audiencia	Pubblico
Bailarina	Ballerina
Bailarines	Ballerini
Compositor	Compositore
Coreografía	Coreografia
Ensayo	Prova
Estilo	Stile
Expresivo	Espressivo
Gesto	Gesto
Habilidad	Abilità
Intensidad	Intensità
Lecciones	Lezioni
Músculos	Muscoli
Música	Musica
Orquesta	Orchestra
Práctica	Pratica
Ritmo	Ritmo
Técnica	Tecnica

Barbacoas
Barbecue

Almuerzo	Pranzo
Caliente	Caldo
Cebollas	Cipolle
Cena	Cena
Cuchillos	Coltelli
Ensaladas	Insalate
Familia	Famiglia
Fruta	Frutta
Hambre	Fame
Juegos	Giochi
Música	Musica
Niños	Bambini
Parrilla	Griglia
Pimienta	Pepe
Pollo	Pollo
Sal	Sale
Salsa	Salsa
Tomates	Pomodori
Verano	Estate
Verduras	Verdure

Barcos
Imbarcazioni

Ancla	Ancora
Balsa	Zattera
Boya	Boa
Canoa	Canoa
Cuerda	Corda
Ferry	Traghetto
Kayak	Kayak
Lago	Lago
Mar	Mare
Marea	Marea
Marinero	Marinaio
Marítimo	Marittimo
Mástil	Albero
Motor	Motore
Náutico	Nautico
Océano	Oceano
Río	Fiume
Tripulación	Equipaggio
Velero	Barca a Vela
Yate	Yacht

Belleza
Bellezza

Aceites	Oli
Aroma	Profumo
Champú	Shampoo
Color	Colore
Cosméticos	Cosmetici
Elegancia	Eleganza
Elegante	Elegante
Encanto	Fascino
Espejo	Specchio
Estilista	Stilista
Fotogénico	Fotogenico
Fragancia	Fragranza
Gracia	Grazia
Maquillaje	Trucco
Piel	Pelle
Pintalabios	Rossetto
Rizos	Riccioli
Rímel	Mascara
Servicios	Servizi
Tijeras	Forbici

Biología
Biologia

Anatomía	Anatomia
Bacterias	Batteri
Celda	Cellula
Colágeno	Collagene
Cromosoma	Cromosoma
Embrión	Embrione
Enzima	Enzima
Evolución	Evoluzione
Fotosíntesis	Fotosintesi
Hormona	Ormone
Mamífero	Mammifero
Mutación	Mutazione
Natural	Naturale
Nervio	Nervo
Neurona	Neurone
Ósmosis	Osmosi
Proteína	Proteina
Reptil	Rettile
Simbiosis	Simbiosi
Sinapsis	Sinapsi

Café
Caffè

Agua	Acqua
Amargo	Amaro
Aroma	Aroma
Asado	Arrostito
Azúcar	Zucchero
Ácido	Acido
Bebida	Bevanda
Cafeína	Caffeina
Crema	Crema
Filtro	Filtro
Leche	Latte
Líquido	Liquido
Mañana	Mattina
Moler	Macinare
Negro	Nero
Origen	Origine
Precio	Prezzo
Sabor	Gusto
Taza	Tazza
Variedad	Varietà

Calentamiento Global
Riscaldamento Globale

Ahora	Ora
Ambiental	Ambientale
Atención	Attenzione
Ártico	Artico
Científico	Scienziato
Clima	Clima
Consecuencias	Conseguenze
Crisis	Crisi
Datos	Dati
Desarrollo	Sviluppo
Energía	Energia
Futuro	Futuro
Gas	Gas
Generaciones	Generazioni
Gobierno	Governo
Industria	Industria
Legislación	Legislazione
Poblaciones	Popolazioni
Significativo	Significativo
Temperaturas	Temperature

Camping
Campeggio

Animales	Animali
Aventura	Avventura
Árboles	Alberi
Bosque	Foresta
Brújula	Bussola
Cabina	Cabina
Canoa	Canoa
Caza	Caccia
Cuerda	Corda
Equipo	Attrezzatura
Fuego	Fuoco
Hamaca	Amaca
Insecto	Insetto
Lago	Lago
Linterna	Lanterna
Luna	Luna
Mapa	Mappa
Montaña	Montagna
Naturaleza	Natura
Sombrero	Cappello

Casa
Casa

Alfombra	Tappeto
Ático	Attico
Biblioteca	Biblioteca
Chimenea	Camino
Cocina	Cucina
Ducha	Doccia
Escoba	Scopa
Espejo	Specchio
Garaje	Garage
Grifo	Rubinetto
Habitación	Camera
Jardín	Giardino
Lámpara	Lampada
Pared	Parete
Piso	Pavimento
Puerta	Porta
Sótano	Scantinato
Techo	Tetto
Valla	Recinto
Ventana	Finestra

Chocolate
Cioccolato

Amargo	Amaro
Antioxidante	Antiossidante
Aroma	Aroma
Artesanal	Artigianale
Azúcar	Zucchero
Cacahuetes	Arachidi
Cacao	Cacao
Calidad	Qualità
Calorías	Calorie
Caramelo	Caramello
Coco	Noce di Cocco
Comer	Mangiare
Delicioso	Delizioso
Dulce	Dolce
Exótico	Esotico
Favorito	Preferito
Gusto	Gusto
Ingrediente	Ingrediente
Polvo	Polvere
Receta	Ricetta

Ciencia
Scienza

Átomo	Atomo
Científico	Scienziato
Clima	Clima
Datos	Dati
Evolución	Evoluzione
Experimento	Esperimento
Física	Fisica
Fósil	Fossile
Gravedad	Gravità
Hecho	Fatto
Hipótesis	Ipotesi
Laboratorio	Laboratorio
Método	Metodo
Minerales	Minerali
Moléculas	Molecole
Naturaleza	Natura
Organismo	Organismo
Partículas	Particelle
Plantas	Piante
Químico	Chimico

Ciencia Ficción
Fantascienza

Atómico	Atomico
Cine	Cinema
Escenario	Scenario
Explosión	Esplosione
Extremo	Estremo
Fantástico	Fantastico
Fuego	Fuoco
Futurista	Futuristico
Galaxia	Galassia
Ilusión	Illusione
Imaginario	Immaginario
Libros	Libri
Misterioso	Misterioso
Mundo	Mondo
Oráculo	Oracolo
Planeta	Pianeta
Realista	Realistico
Robots	Robot
Tecnología	Tecnologia
Utopía	Utopia

Cocina
Cucina

Caldera	Bollitore
Comer	Mangiare
Comida	Cibo
Congelador	Congelatore
Cucharas	Cucchiai
Cucharón	Mestolo
Cuchillos	Coltelli
Delantal	Grembiule
Especias	Spezie
Esponja	Spugna
Horno	Forno
Jarra	Brocca
Palillos	Bacchette
Parrilla	Griglia
Receta	Ricetta
Refrigerador	Frigorifero
Servilleta	Tovagliolo
Tazas	Tazze
Tazón	Ciotola
Tenedores	Forchette

Comida #1
Cibo #1

Ajo	Aglio
Albahaca	Basilico
Atún	Tonno
Azúcar	Zucchero
Canela	Cannella
Carne	Carne
Cebada	Orzo
Cebolla	Cipolla
Ensalada	Insalata
Espinacas	Spinaci
Fresa	Fragola
Jugo	Succo
Leche	Latte
Limón	Limone
Menta	Menta
Nabo	Rapa
Pera	Pera
Sal	Sale
Sopa	Minestra
Zanahoria	Carota

Comida #2
Cibo #2

Alcachofa	Carciofo
Almendra	Mandorla
Apio	Sedano
Arroz	Riso
Berenjena	Melanzana
Cereza	Ciliegia
Chocolate	Cioccolato
Girasol	Girasole
Huevo	Uovo
Jengibre	Zenzero
Kiwi	Kiwi
Manzana	Mela
Pan	Pane
Plátano	Banana
Pollo	Pollo
Queso	Formaggio
Tomate	Pomodoro
Trigo	Grano
Uva	Uva
Yogur	Yogurt

Conduciendo
Guida

Accidente	Incidente
Autobús	Autobus
Camión	Camion
Coche	Auto
Combustible	Carburante
Frenos	Freni
Garaje	Garage
Gas	Gas
Licencia	Licenza
Mapa	Mappa
Motocicleta	Moto
Motor	Motore
Peatonal	Pedonale
Peligro	Pericolo
Policía	Polizia
Seguridad	Sicurezza
Transporte	Trasporto
Tráfico	Traffico
Túnel	Tunnel
Velocidad	Velocità

Creatividad
Creatività

Artístico	Artistico
Autenticidad	Autenticità
Claridad	Chiarezza
Dramático	Drammatico
Emociones	Emozioni
Espontáneo	Spontaneo
Expresión	Espressione
Fluidez	Fluidità
Habilidad	Abilità
Ideas	Idee
Imagen	Immagine
Imaginación	Immaginazione
Impresión	Impressione
Inspiración	Ispirazione
Intensidad	Intensità
Intuición	Intuizione
Inventivo	Inventivo
Sensación	Sensazione
Visiones	Visioni
Vitalidad	Vitalità

Cuerpo Humano
Corpo Umano

Barbilla	Mento
Boca	Bocca
Cabeza	Testa
Cara	Faccia
Cerebro	Cervello
Codo	Gomito
Corazón	Cuore
Cuello	Collo
Dedo	Dito
Hombro	Spalla
Lengua	Lingua
Mano	Mano
Nariz	Naso
Ojo	Occhio
Oreja	Orecchio
Piel	Pelle
Pierna	Gamba
Rodilla	Ginocchio
Sangre	Sangue
Tobillo	Caviglia

Deporte
Sport

Atleta	Atleta
Baile	Danza
Capacidad	Capacità
Ciclismo	Ciclismo
Cuerpo	Corpo
Deportes	Sportivo
Dieta	Dieta
Entrenador	Allenatore
Estiramiento	Stretching
Fuerza	Forza
Huesos	Ossa
Maximizar	Massimizzare
Meta	Obiettivo
Metabólico	Metabolico
Músculos	Muscoli
Nadar	Nuotare
Nutrición	Nutrizione
Programa	Programma
Resistencia	Resistenza
Salud	Salute

Diplomacia
Diplomazia

Asesor	Consigliere
Comunidad	Comunità
Conflicto	Conflitto
Cooperación	Cooperazione
Diplomático	Diplomatico
Discusión	Discussione
Embajada	Ambasciata
Embajador	Ambasciatore
Extranjero	Straniero
Ética	Etica
Gobierno	Governo
Humanitario	Umanitario
Idiomas	Lingue
Integridad	Integrità
Justicia	Giustizia
Política	Politica
Resolución	Risoluzione
Seguridad	Sicurezza
Solución	Soluzione
Tratado	Trattato

Disciplinas Científicas
Discipline Scientifiche

Anatomía	Anatomia
Arqueología	Archeologia
Astronomía	Astronomia
Biología	Biologia
Bioquímica	Biochimica
Botánica	Botanica
Ecología	Ecologia
Fisiología	Fisiologia
Geología	Geologia
Inmunología	Immunologia
Lingüística	Linguistica
Mecánica	Meccanica
Meteorología	Meteorologia
Mineralogía	Mineralogia
Neurología	Neurologia
Psicología	Psicologia
Química	Chimica
Sociología	Sociologia
Termodinámica	Termodinamica
Zoología	Zoologia

Días y Meses
Giorni e Mesi

Abril	Aprile
Agosto	Agosto
Año	Anno
Calendario	Calendario
Domingo	Domenica
Enero	Gennaio
Febrero	Febbraio
Jueves	Giovedì
Julio	Luglio
Junio	Giugno
Lunes	Lunedì
Martes	Martedì
Mes	Mese
Miércoles	Mercoledì
Noviembre	Novembre
Octubre	Ottobre
Sábado	Sabato
Semana	Settimana
Septiembre	Settembre
Viernes	Venerdì

Ecología
Ecologia

Clima	Clima
Comunidades	Comunità
Diversidad	Diversità
Especie	Specie
Fauna	Fauna
Flora	Flora
Global	Globale
Hábitat	Habitat
Marino	Marino
Natural	Naturale
Naturaleza	Natura
Pantano	Palude
Plantas	Piante
Recursos	Risorse
Sequía	Siccità
Sostenible	Sostenibile
Supervivencia	Sopravvivenza
Variedad	Varietà
Vegetación	Vegetazione
Voluntarios	Volontari

Edificios
Edifici

Albergue	Ostello
Apartamento	Appartamento
Castillo	Castello
Cine	Cinema
Embajada	Ambasciata
Escuela	Scuola
Estadio	Stadio
Fábrica	Fabbrica
Garaje	Garage
Granero	Fienile
Granja	Fattoria
Hospital	Ospedale
Hotel	Hotel
Laboratorio	Laboratorio
Museo	Museo
Observatorio	Osservatorio
Supermercado	Supermercato
Teatro	Teatro
Torre	Torre
Universidad	Università

Electricidad
Elettricità

Almacenamiento	Conservazione
Batería	Batteria
Bombilla	Lampadina
Cable	Cavo
Cables	Fili
Cantidad	Quantità
Electricista	Elettricista
Eléctrico	Elettrico
Enchufe	Presa
Equipo	Attrezzatura
Generador	Generatore
Imán	Magnete
Lámpara	Lampada
Láser	Laser
Negativo	Negativo
Objetos	Oggetti
Positivo	Positivo
Red	Rete
Televisión	Televisione
Teléfono	Telefono

Emociones
Emozioni

Aburrimiento	Noia
Agradecido	Grato
Alegría	Gioia
Alivio	Rilievo
Amor	Amore
Avergonzado	Imbarazzato
Beatitud	Beatitudine
Bondad	Gentilezza
Calma	Calma
Contenido	Contenuto
Ira	Rabbia
Miedo	Paura
Paz	Pace
Relajado	Rilassato
Satisfecho	Soddisfatto
Simpatía	Simpatia
Sorpresa	Sorpresa
Ternura	Tenerezza
Tranquilidad	Tranquillità
Tristeza	Tristezza

Energía
Energia

Batería	Batteria
Calor	Calore
Carbono	Carbonio
Combustible	Carburante
Contaminación	Inquinamento
Diesel	Diesel
Electrón	Elettrone
Eléctrico	Elettrico
Entropía	Entropia
Fotón	Fotone
Gasolina	Benzina
Hidrógeno	Idrogeno
Industria	Industria
Motor	Motore
Nuclear	Nucleare
Renovable	Rinnovabile
Sol	Sole
Turbina	Turbina
Vapor	Vapore
Viento	Vento

Enfermedad
Malattia

Abdominal	Addominale		
Alergias	Allergie		
Bienestar	Benessere		
Contagioso	Contagioso		
Corazón	Cuore		
Crónica	Cronico		
Cuerpo	Corpo		
Débil	Debole		
Genético	Genetico		
Hereditario	Ereditario		
Huesos	Ossa		
Inflamación	Infiammazione		
Inmunidad	Immunità		
Lumbar	Lombare		
Neuropatía	Neuropatia		
Pulmonar	Polmonare		
Respiratorio	Respiratorio		
Salud	Salute		
Síndrome	Sindrome		
Terapia	Terapia		

Especias
Spezie

Agrio	Acido
Ajo	Aglio
Amargo	Amaro
Anís	Anice
Azafrán	Zafferano
Canela	Cannella
Cardamomo	Cardamomo
Cebolla	Cipolla
Comino	Cumino
Curry	Curry
Dulce	Dolce
Hinojo	Finocchio
Jengibre	Zenzero
Nuez Moscada	Noce Moscata
Pimentón	Paprika
Pimienta	Pepe
Regaliz	Liquirizia
Sabor	Gusto
Sal	Sale
Vainilla	Vaniglia

Ética
Etica

Altruismo	Altruismo
Benevolente	Benevolo
Bondad	Gentilezza
Compasión	Compassione
Cooperación	Cooperazione
Dignidad	Dignità
Diplomático	Diplomatico
Filosofía	Filosofia
Honestidad	Onestà
Humanidad	Umanità
Integridad	Integrità
Optimismo	Ottimismo
Paciencia	Pazienza
Racionalidad	Razionalità
Razonable	Ragionevole
Realismo	Realismo
Respetuoso	Rispettoso
Sabiduría	Saggezza
Tolerancia	Tolleranza
Valores	Valori

Familia
Famiglia

Abuela	Nonna
Abuelo	Nonno
Antepasado	Antenato
Esposa	Moglie
Hermana	Sorella
Hermano	Fratello
Hija	Figlia
Infancia	Infanzia
Madre	Madre
Marido	Marito
Materno	Materno
Nieto	Nipote
Niño	Bambino
Niños	Bambini
Padre	Padre
Primo	Cugino
Sobrina	Nipote
Sobrino	Nipote
Tía	Zia
Tío	Zio

Filantropía
Filantropia

Caridad	Carità
Comunidad	Comunità
Contactos	Contatti
Donar	Donare
Finanzas	Finanza
Fondos	Fondi
Generosidad	Generosità
Gente	Persone
Global	Globale
Grupos	Gruppi
Historia	Storia
Honestidad	Onestà
Humanidad	Umanità
Juventud	Gioventù
Metas	Obiettivi
Misión	Missione
Necesitar	Bisogno
Niños	Bambini
Programas	Programmi
Público	Pubblico

Física
Fisica

Aceleración	Accelerazione
Átomo	Atomo
Caos	Caos
Densidad	Densità
Electrón	Elettrone
Fórmula	Formula
Frecuencia	Frequenza
Gas	Gas
Gravedad	Gravità
Magnetismo	Magnetismo
Masa	Massa
Mecánica	Meccanica
Molécula	Molecola
Motor	Motore
Nuclear	Nucleare
Partícula	Particella
Químico	Chimico
Relatividad	Relatività
Universal	Universale
Velocidad	Velocità

Flores
Fiori

Amapola	Papavero
Caléndula	Calendula
Gardenia	Gardenia
Girasol	Girasole
Hibisco	Ibisco
Jazmín	Gelsomino
Lavanda	Lavanda
Lila	Lilla
Lirio	Giglio
Magnolia	Magnolia
Margarita	Margherita
Narciso	Narciso
Orquídea	Orchidea
Pasionaria	Passiflora
Peonía	Peonia
Pétalo	Petalo
Ramo	Mazzo
Rosa	Rosa
Trébol	Trifoglio
Tulipán	Tulipano

Formas
Forme

Arco	Arco
Bordes	Bordi
Cilindro	Cilindro
Círculo	Cerchio
Cono	Cono
Cuadrado	Quadrato
Cubo	Cubo
Curva	Curva
Elipse	Ellisse
Esfera	Sfera
Esquina	Angolo
Hipérbola	Iperbole
Lado	Lato
Línea	Linea
Oval	Ovale
Pirámide	Piramide
Polígono	Poligono
Prisma	Prisma
Rectángulo	Rettangolo
Triángulo	Triangolo

Fruta
Frutta

Aguacate	Avocado
Albaricoque	Albicocca
Baya	Bacca
Cereza	Ciliegia
Coco	Noce di Cocco
Frambuesa	Lampone
Guayaba	Guava
Kiwi	Kiwi
Limón	Limone
Mango	Mango
Manzana	Mela
Melocotón	Pesca
Melón	Melone
Naranja	Arancia
Nectarina	Nettarina
Papaya	Papaia
Pera	Pera
Piña	Ananas
Plátano	Banana
Uva	Uva

Fuerza y Gravedad
Forza e Gravità

Centro	Centro
Descubrimiento	Scoperta
Dinámico	Dinamico
Distancia	Distanza
Eje	Asse
Expansión	Espansione
Física	Fisica
Fricción	Attrito
Impacto	Impatto
Magnetismo	Magnetismo
Mecánica	Meccanica
Movimiento	Movimento
Órbita	Orbita
Peso	Peso
Planetas	Pianeti
Presión	Pressione
Propiedades	Proprietà
Tiempo	Tempo
Universal	Universale
Velocidad	Velocità

Geografía
Geografia

Altitud	Altitudine
Atlas	Atlante
Ciudad	Città
Continente	Continente
Hemisferio	Emisfero
Isla	Isola
Latitud	Latitudine
Longitud	Longitudine
Mapa	Mappa
Mar	Mare
Meridiano	Meridiano
Montaña	Montagna
Mundo	Mondo
Norte	Nord
Oeste	Ovest
País	Paese
Región	Regione
Río	Fiume
Sur	Sud
Territorio	Territorio

Geología
Geologia

Ácido	Acido
Calcio	Calcio
Capa	Strato
Caverna	Caverna
Continente	Continente
Coral	Corallo
Cristales	Cristalli
Cuarzo	Quarzo
Erosión	Erosione
Estalactita	Stalattite
Estalagmitas	Stalagmiti
Fósil	Fossile
Géiser	Geyser
Lava	Lava
Meseta	Altopiano
Minerales	Minerali
Piedra	Pietra
Sal	Sale
Terremoto	Terremoto
Volcán	Vulcano

Geometría
Geometria

Altura	Altezza
Ángulo	Angolo
Cálculo	Calcolo
Curva	Curva
Diámetro	Diametro
Dimensión	Dimensione
Ecuación	Equazione
Horizontal	Orizzontale
Lógica	Logica
Masa	Massa
Mediana	Mediano
Número	Numero
Paralelo	Parallelo
Proporción	Proporzione
Segmento	Segmento
Simetría	Simmetria
Superficie	Superficie
Teoría	Teoria
Triángulo	Triangolo
Vertical	Verticale

Gobierno
Governo

Ciudadanía	Cittadinanza
Civil	Civile
Constitución	Costituzione
Democracia	Democrazia
Discurso	Discorso
Discusión	Discussione
Distrito	Quartiere
Estado	Stato
Igualdad	Uguaglianza
Independencia	Indipendenza
Judicial	Giudiziario
Justicia	Giustizia
Ley	Legge
Libertad	Libertà
Líder	Capo
Monumento	Monumento
Nacional	Nazionale
Nación	Nazione
Política	Politica
Símbolo	Simbolo

Granja #1
Fattoria #1

Abeja	Ape
Agricultura	Agricoltura
Agua	Acqua
Arroz	Riso
Burro	Asino
Caballo	Cavallo
Cabra	Capra
Campo	Campo
Cuervo	Corvo
Fertilizante	Fertilizzante
Gato	Gatto
Heno	Fieno
Miel	Miele
Perro	Cane
Pollo	Pollo
Semillas	Semi
Ternero	Vitello
Tierra	Terra
Vaca	Mucca
Valla	Recinto

Granja #2
Fattoria #2

Agricultor	Agricoltore
Animales	Animali
Cebada	Orzo
Colmena	Alveare
Comida	Cibo
Cordero	Agnello
Fruta	Frutta
Granero	Fienile
Huerto	Frutteto
Leche	Latte
Llama	Lama
Maíz	Mais
Oveja	Pecora
Pastor	Pastore
Pato	Anatra
Prado	Prato
Riego	Irrigazione
Tractor	Trattore
Trigo	Grano
Vegetal	Verdura

Herboristería
Erboristeria

Ajo	Aglio
Albahaca	Basilico
Aromático	Aromatico
Azafrán	Zafferano
Calidad	Qualità
Culinario	Culinario
Eneldo	Aneto
Estragón	Dragoncello
Flor	Fiore
Hinojo	Finocchio
Ingrediente	Ingrediente
Jardín	Giardino
Lavanda	Lavanda
Mejorana	Maggiorana
Menta	Menta
Perejil	Prezzemolo
Planta	Pianta
Romero	Rosmarino
Sabor	Gusto
Verde	Verde

Ingeniería
Ingegneria

Ángulo	Angolo
Cálculo	Calcolo
Construcción	Costruzione
Diagrama	Diagramma
Diámetro	Diametro
Diesel	Diesel
Distribución	Distribuzione
Eje	Asse
Energía	Energia
Estabilidad	Stabilità
Estructura	Struttura
Fricción	Attrito
Fuerza	Forza
Líquido	Liquido
Máquina	Macchina
Medición	Misurazione
Motor	Motore
Palancas	Leve
Profundidad	Profondità
Propulsión	Propulsione

Insectos
Insetti

Abeja	Ape
Avispa	Vespa
Avispón	Calabrone
Áfido	Afide
Cigarra	Cicala
Cucaracha	Scarafaggio
Escarabajo	Coleottero
Gusano	Verme
Hormiga	Formica
Langosta	Locusta
Larva	Larva
Libélula	Libellula
Mantis	Mantide
Mariposa	Farfalla
Mariquita	Coccinella
Mosquito	Zanzara
Polilla	Falena
Pulga	Pulce
Saltamontes	Cavalletta
Termita	Termite

Instrumentos Musicales
Strumenti Musicali

Armónica	Armonica
Arpa	Arpa
Banjo	Banjo
Clarinete	Clarinetto
Fagot	Fagotto
Flauta	Flauto
Gong	Gong
Guitarra	Chitarra
Mandolina	Mandolino
Marimba	Marimba
Oboe	Oboe
Pandereta	Tamburello
Percusión	Percussione
Piano	Pianoforte
Saxofón	Sassofono
Tambor	Tamburo
Trombón	Trombone
Trompeta	Tromba
Violín	Violino
Violonchelo	Violoncello

Jardinería
Giardinaggio

Agua	Acqua
Botánico	Botanico
Clima	Clima
Comestible	Commestibile
Compost	Compost
Contenedor	Contenitore
Especie	Specie
Estacional	Stagionale
Exótico	Esotico
Flor	Fiorire
Floral	Floreale
Follaje	Fogliame
Hoja	Foglia
Huerto	Frutteto
Humedad	Umidità
Manguera	Tubo
Ramo	Mazzo
Semillas	Semi
Suciedad	Sporco
Suelo	Suolo

Jardín
Giardino

Arbusto	Cespuglio
Árbol	Albero
Banco	Panca
Césped	Prato
Estanque	Stagno
Flor	Fiore
Garaje	Garage
Hamaca	Amaca
Hierba	Erba
Huerto	Frutteto
Jardín	Giardino
Malezas	Erbacce
Manguera	Tubo
Pala	Pala
Porche	Portico
Rastrillo	Rastrello
Suelo	Suolo
Terraza	Terrazza
Trampolín	Trampolino
Valla	Recinto

Jazz
Jazz

Artista	Artista
Álbum	Album
Canción	Canzone
Composición	Composizione
Compositor	Compositore
Concierto	Concerto
Estilo	Stile
Énfasis	Enfasi
Famoso	Famoso
Favoritos	Preferiti
Género	Genere
Música	Musica
Músicos	Musicisti
Nuevo	Nuovo
Orquesta	Orchestra
Ritmo	Ritmo
Talento	Talento
Tambores	Batteria
Técnica	Tecnica
Viejo	Vecchio

La Empresa
L'Azienda

Calidad	Qualità
Creativo	Creativo
Decisión	Decisione
Empleo	Occupazione
Global	Globale
Industria	Industria
Ingresos	Reddito
Innovador	Innovativo
Inversión	Investimento
Posibilidad	Possibilità
Presentación	Presentazione
Producto	Prodotto
Profesional	Professionale
Progreso	Progresso
Recursos	Risorse
Reputación	Reputazione
Riesgos	Rischi
Salarios	Salari
Tendencias	Tendenze
Unidades	Unità

Libros
Libri

Autor	Autore
Aventura	Avventura
Colección	Collezione
Contexto	Contesto
Dualidad	Dualità
Escrito	Scritto
Historia	Storia
Histórico	Storico
Humorístico	Umoristico
Inmersión	Immersione
Inventivo	Inventivo
Lector	Lettore
Literario	Letterario
Narrador	Narratore
Novela	Romanzo
Página	Pagina
Pertinente	Rilevante
Poesía	Poesia
Serie	Serie
Trágico	Tragico

Literatura
Letteratura

Analogía	Analogia
Análisis	Analisi
Anécdota	Aneddoto
Autor	Autore
Biografía	Biografia
Comparación	Confronto
Conclusión	Conclusione
Descripción	Descrizione
Diálogo	Dialogo
Estilo	Stile
Ficción	Finzione
Metáfora	Metafora
Narrador	Narratore
Novela	Romanzo
Poema	Poesia
Poético	Poetico
Rima	Rima
Ritmo	Ritmo
Tema	Tema
Tragedia	Tragedia

Los Medios de Comunicación
I Media

Actitudes	Atteggiamenti
Comercial	Commerciale
Comunicación	Comunicazione
Digital	Digitale
Edición	Edizione
Educación	Educazione
En Línea	Online
Financiación	Finanziamento
Fotos	Foto
Hechos	Fatti
Industria	Industria
Intelectual	Intellettuale
Local	Locale
Opinión	Opinione
Periódicos	Giornali
Público	Pubblico
Radio	Radio
Red	Rete
Revistas	Riviste
Televisión	Televisione

Mamíferos
Mammiferi

Ballena	Balena
Burro	Asino
Caballo	Cavallo
Camello	Cammello
Canguro	Canguro
Cebra	Zebra
Conejo	Coniglio
Coyote	Coyote
Delfín	Delfino
Elefante	Elefante
Gato	Gatto
Gorila	Gorilla
Jirafa	Giraffa
Lobo	Lupo
Mono	Scimmia
Oso	Orso
Oveja	Pecora
Perro	Cane
Toro	Toro
Zorro	Volpe

Matemáticas
Matematica

Aritmética	Aritmetica
Ángulos	Angoli
Circunferencia	Circonferenza
Cuadrado	Quadrato
Decimal	Decimale
Diámetro	Diametro
Ecuación	Equazione
Esfera	Sfera
Exponente	Esponente
Fracción	Frazione
Geometría	Geometria
Números	Numeri
Paralelo	Parallelo
Perímetro	Perimetro
Polígono	Poligono
Radio	Raggio
Rectángulo	Rettangolo
Simetría	Simmetria
Triángulo	Triangolo
Volumen	Volume

Mediciones
Misurazioni

Altura	Altezza
Ancho	Larghezza
Byte	Byte
Centímetro	Centimetro
Decimal	Decimale
Grado	Grado
Gramo	Grammo
Kilogramo	Chilogrammo
Kilómetro	Chilometro
Litro	Litro
Longitud	Lunghezza
Masa	Massa
Metro	Metro
Minuto	Minuto
Onza	Oncia
Peso	Peso
Profundidad	Profondità
Pulgada	Pollice
Tonelada	Tonnellata
Volumen	Volume

Meditación
Meditazione

Aceptación	Accettazione
Atención	Attenzione
Bondad	Gentilezza
Calma	Calma
Claridad	Chiarezza
Compasión	Compassione
Emociones	Emozioni
Gratitud	Gratitudine
Mental	Mentale
Mente	Mente
Movimiento	Movimento
Música	Musica
Naturaleza	Natura
Observación	Osservazione
Paz	Pace
Pensamientos	Pensieri
Perspectiva	Prospettiva
Postura	Postura
Respiración	Respirazione
Silencio	Silenzio

Mitología
Mitologia

Arquetipo	Archetipo
Celos	Gelosia
Cielo	Paradiso
Comportamiento	Comportamento
Creación	Creazione
Creencias	Credenze
Criatura	Creatura
Cultura	Cultura
Desastre	Disastro
Fuerza	Forza
Guerrero	Guerriero
Héroe	Eroe
Inmortalidad	Immortalità
Laberinto	Labirinto
Leyenda	Leggenda
Monstruo	Mostro
Mortal	Mortale
Rayo	Fulmine
Trueno	Tuono
Venganza	Vendetta

Moda
Moda

Bordado	Ricamo
Botones	Pulsanti
Boutique	Boutique
Caro	Caro
Elegante	Elegante
Encaje	Pizzo
Estilo	Stile
Mediciones	Misure
Minimalista	Minimalista
Moderno	Moderno
Modesto	Modesto
Original	Originale
Patrón	Modello
Práctico	Pratico
Ropa	Abbigliamento
Sencillo	Semplice
Sofisticado	Sofisticato
Tejido	Tessuto
Tendencia	Tendenza
Textura	Trama

Música
Musica

Armonía	Armonia
Armónico	Armonico
Álbum	Album
Balada	Ballata
Cantante	Cantante
Cantar	Cantare
Clásico	Classico
Coro	Coro
Grabación	Registrazione
Improvisar	Improvvisare
Instrumento	Strumento
Melodía	Melodia
Micrófono	Microfono
Musical	Musicale
Músico	Musicista
Ópera	Opera
Poético	Poetico
Ritmo	Ritmo
Tempo	Tempo
Vocal	Vocale

Naturaleza
Natura

Abejas	Api
Animales	Animali
Ártico	Artico
Belleza	Bellezza
Bosque	Foresta
Desierto	Deserto
Dinámico	Dinamico
Erosión	Erosione
Follaje	Fogliame
Glaciar	Ghiacciaio
Montañas	Montagne
Niebla	Nebbia
Nubes	Nuvole
Refugio	Rifugio
Río	Fiume
Salvaje	Selvaggio
Santuario	Santuario
Sereno	Sereno
Tropical	Tropicale
Vital	Vitale

Negocio
Attività Commerciale

Carrera	Carriera
Costo	Costo
Descuento	Sconto
Dinero	Soldi
Economía	Economia
Empleado	Dipendente
Empresa	Società
Fábrica	Fabbrica
Finanzas	Finanza
Impuestos	Tasse
Inversión	Investimento
Mercancía	Merce
Moneda	Valuta
Oficina	Ufficio
Personal	Personale
Presupuesto	Bilancio
Tienda	Negozio
Trabajo	Lavoro
Transacción	Transazione
Venta	Vendita

Nutrición
Nutrizione

Amargo	Amaro
Apetito	Appetito
Calidad	Qualità
Calorías	Calorie
Carbohidratos	Carboidrati
Cereales	Cereali
Comestible	Commestibile
Dieta	Dieta
Digestión	Digestione
Equilibrado	Bilanciato
Fermentación	Fermentazione
Nutriente	Nutriente
Peso	Peso
Proteínas	Proteine
Sabor	Gusto
Salsa	Salsa
Salud	Salute
Saludable	Sano
Toxina	Tossina
Vitamina	Vitamina

Números
Numeri

Catorce	Quattordici
Cero	Zero
Cinco	Cinque
Cuatro	Quattro
Decimal	Decimale
Diecinueve	Diciannove
Dieciocho	Diciotto
Dieciséis	Sedici
Diecisiete	Diciassette
Diez	Dieci
Doce	Dodici
Dos	Due
Nueve	Nove
Ocho	Otto
Quince	Quindici
Seis	Sei
Siete	Sette
Trece	Tredici
Tres	Tre
Veinte	Venti

Océano
Oceano

Alga	Alghe
Anguila	Anguilla
Arrecife	Scogliera
Atún	Tonno
Ballena	Balena
Barco	Barca
Camarón	Gamberetto
Cangrejo	Granchio
Coral	Corallo
Delfín	Delfino
Esponja	Spugna
Mareas	Maree
Medusa	Medusa
Ostra	Ostrica
Pescado	Pesce
Pulpo	Polpo
Sal	Sale
Tiburón	Squalo
Tormenta	Tempesta
Tortuga	Tartaruga

Paisajes
Paesaggi

Cascada	Cascata
Cueva	Grotta
Desierto	Deserto
Estuario	Estuario
Géiser	Geyser
Glaciar	Ghiacciaio
Iceberg	Iceberg
Isla	Isola
Lago	Lago
Laguna	Laguna
Mar	Mare
Montaña	Montagna
Oasis	Oasi
Pantano	Palude
Península	Penisola
Playa	Spiaggia
Río	Fiume
Tundra	Tundra
Valle	Valle
Volcán	Vulcano

Países #1
Paesi #1

Alemania	Germania
Argentina	Argentina
Bélgica	Belgio
Brasil	Brasile
Canadá	Canada
Ecuador	Ecuador
Egipto	Egitto
España	Spagna
Filipinas	Filippine
Honduras	Honduras
India	India
Italia	Italia
Libia	Libia
Malí	Mali
Marruecos	Marocco
Nicaragua	Nicaragua
Noruega	Norvegia
Panamá	Panama
Polonia	Polonia
Venezuela	Venezuela

Países #2
Paesi #2

Albania	Albania
Australia	Australia
Austria	Austria
Dinamarca	Danimarca
Etiopía	Etiopia
Francia	Francia
Grecia	Grecia
Indonesia	Indonesia
Irlanda	Irlanda
Jamaica	Giamaica
Japón	Giappone
Laos	Laos
México	Messico
Pakistán	Pakistan
Portugal	Portogallo
Rusia	Russia
Siria	Siria
Sudán	Sudan
Ucrania	Ucraina
Uganda	Uganda

Pájaros
Uccelli

Avestruz	Struzzo
Águila	Aquila
Canario	Canarino
Cigüeña	Cicogna
Cisne	Cigno
Cuco	Cuculo
Flamenco	Fenicottero
Ganso	Oca
Garza	Airone
Gaviota	Gabbiano
Gorrión	Passero
Halcón	Falco
Huevo	Uovo
Loro	Pappagallo
Paloma	Piccione
Pato	Anatra
Pelícano	Pellicano
Pingüino	Pinguino
Pollo	Pollo
Tucán	Tucano

Plantas
Piante

Arbusto	Cespuglio
Árbol	Albero
Bambú	Bambù
Baya	Bacca
Bosque	Foresta
Botánica	Botanica
Cactus	Cactus
Fertilizante	Fertilizzante
Flor	Fiore
Flora	Flora
Follaje	Fogliame
Frijol	Fagiolo
Hiedra	Edera
Hierba	Erba
Hoja	Foglia
Jardín	Giardino
Musgo	Muschio
Pétalo	Petalo
Raíz	Radice
Vegetación	Vegetazione

Profesiones #1
Professioni #1

Abogado	Avvocato
Astrónomo	Astronomo
Atleta	Atleta
Bailarín	Ballerino
Banquero	Banchiere
Bombero	Pompiere
Cartógrafo	Cartografo
Cazador	Cacciatore
Doctor	Medico
Editor	Editore
Embajador	Ambasciatore
Enfermera	Infermiera
Entrenador	Allenatore
Fontanero	Idraulico
Geólogo	Geologo
Joyero	Gioielliere
Músico	Musicista
Pianista	Pianista
Psicólogo	Psicologo
Veterinario	Veterinario

Profesiones #2
Professioni #2

Astronauta	Astronauta
Bibliotecario	Bibliotecario
Biólogo	Biologo
Cirujano	Chirurgo
Dentista	Dentista
Detective	Detective
Filósofo	Filosofo
Fotógrafo	Fotografo
Ilustrador	Illustratore
Ingeniero	Ingegnere
Inventor	Inventore
Investigador	Ricercatore
Jardinero	Giardiniere
Lingüista	Linguista
Médico	Medico
Periodista	Giornalista
Piloto	Pilota
Pintor	Pittore
Profesor	Insegnante
Zoólogo	Zoologo

Psicología
Psicologia

Cita	Appuntamento
Clínico	Clinico
Cognición	Cognizione
Comportamiento	Comportamento
Conflicto	Conflitto
Ego	Ego
Emociones	Emozioni
Evaluación	Valutazione
Ideas	Idee
Inconsciente	Inconscio
Infancia	Infanzia
Pensamientos	Pensieri
Percepción	Percezione
Personalidad	Personalità
Problema	Problema
Realidad	Realtà
Sensación	Sensazione
Subconsciente	Subconscio
Sueños	Sogni
Terapia	Terapia

Química
Chimica

Alcalino	Alcalino
Ácido	Acido
Calor	Calore
Carbono	Carbonio
Catalizador	Catalizzatore
Cloro	Cloro
Electrón	Elettrone
Enzima	Enzima
Gas	Gas
Hidrógeno	Idrogeno
Ion	Ione
Líquido	Liquido
Metales	Metalli
Molécula	Molecola
Nuclear	Nucleare
Oxígeno	Ossigeno
Peso	Peso
Reacción	Reazione
Sal	Sale
Temperatura	Temperatura

Restaurante #1
Ristorante #1

Alergia	Allergia
Café	Caffè
Cajero	Cassiere
Camarera	Cameriera
Carne	Carne
Cocina	Cucina
Comer	Mangiare
Comida	Cibo
Cuchillo	Coltello
Ingredientes	Ingredienti
Menú	Menù
Pan	Pane
Picante	Piccante
Plato	Piatto
Pollo	Pollo
Postre	Dessert
Reserva	Prenotazione
Salsa	Salsa
Servilleta	Tovagliolo
Tazón	Ciotola

Restaurante #2
Ristorante #2

Agua	Acqua
Almuerzo	Pranzo
Aperitivo	Aperitivo
Bebida	Bevanda
Camarero	Cameriere
Cena	Cena
Cuchara	Cucchiaio
Delicioso	Delizioso
Ensalada	Insalata
Especias	Spezie
Fruta	Frutta
Hielo	Ghiaccio
Huevos	Uova
Pastel	Torta
Pescado	Pesce
Sal	Sale
Silla	Sedia
Sopa	Minestra
Tenedor	Forchetta
Verduras	Verdure

Ropa
Vestiti

Abrigo	Cappotto
Blusa	Camicetta
Bufanda	Sciarpa
Camisa	Camicia
Chaqueta	Giacca
Cinturón	Cintura
Collar	Collana
Delantal	Grembiule
Falda	Gonna
Guantes	Guanti
Joyas	Gioiello
Moda	Moda
Pantalones	Pantaloni
Pijama	Pigiama
Pulsera	Braccialetto
Sandalias	Sandali
Sombrero	Cappello
Suéter	Maglione
Vestido	Abito
Zapato	Scarpa

Salud y Bienestar #1
Salute e Benessere #1

Activo	Attivo
Altura	Altezza
Bacterias	Batteri
Clínica	Clinica
Doctor	Medico
Farmacia	Farmacia
Fractura	Frattura
Hambre	Fame
Hábito	Abitudine
Hormonas	Ormoni
Huesos	Ossa
Medicina	Medicina
Músculos	Muscoli
Piel	Pelle
Postura	Postura
Reflejo	Riflesso
Relajación	Rilassamento
Terapia	Terapia
Tratamiento	Trattamento
Virus	Virus

Salud y Bienestar #2
Salute e Benessere #2

Alergia	Allergia
Anatomía	Anatomia
Apetito	Appetito
Caloría	Caloria
Dieta	Dieta
Digestión	Digestione
Energía	Energia
Enfermedad	Malattia
Estrés	Stress
Genética	Genetica
Higiene	Igiene
Hospital	Ospedale
Infección	Infezione
Masaje	Massaggio
Nutrición	Nutrizione
Peso	Peso
Recuperación	Recupero
Saludable	Sano
Sangre	Sangue
Vitamina	Vitamina

Selva Tropical
Foresta Pluviale

Anfibios	Anfibi
Botánico	Botanico
Clima	Clima
Comunidad	Comunità
Diversidad	Diversità
Especie	Specie
Indígena	Indigeno
Insectos	Insetti
Mamíferos	Mammiferi
Musgo	Muschio
Naturaleza	Natura
Nubes	Nuvole
Pájaros	Uccelli
Preservación	Preservazione
Refugio	Rifugio
Respeto	Rispetto
Restauración	Restauro
Selva	Giungla
Supervivencia	Sopravvivenza
Valioso	Prezioso

Senderismo
Escursionismo

Acantilado	Scogliera
Agua	Acqua
Animales	Animali
Botas	Stivali
Camping	Campeggio
Cansado	Stanco
Clima	Clima
Cumbre	Vertice
Guías	Guide
Mapa	Mappa
Montaña	Montagna
Mosquitos	Zanzare
Naturaleza	Natura
Orientación	Orientamento
Parques	Parchi
Pesado	Pesante
Piedras	Pietre
Preparación	Preparazione
Salvaje	Selvaggio
Sol	Sole

Suministros de Arte
Forniture Artistiche

Aceite	Olio
Acrílico	Acrilico
Acuarelas	Acquerelli
Agua	Acqua
Arcilla	Argilla
Borrador	Gomma
Caballete	Cavalletto
Cámara	Telecamera
Cepillos	Spazzole
Colores	Colori
Creatividad	Creatività
Ideas	Idee
Lápices	Matite
Mesa	Tavolo
Papel	Carta
Pasteles	Pastelli
Pegamento	Colla
Pinturas	Vernici
Silla	Sedia
Tinta	Inchiostro

Tiempo
Tempo

Antes	Prima
Anual	Annuale
Año	Anno
Ayer	Ieri
Calendario	Calendario
Década	Decennio
Día	Giorno
Futuro	Futuro
Hora	Ora
Hoy	Oggi
Mañana	Mattina
Mediodía	Mezzogiorno
Mes	Mese
Minuto	Minuto
Momento	Momento
Noche	Notte
Pasado	Passato
Reloj	Orologio
Semana	Settimana
Siglo	Secolo

Tipos de Cabello
Tipi di Capelli

Blanco	Bianco
Brillante	Lucido
Calvo	Calvo
Corto	Breve
Delgada	Sottile
Gris	Grigio
Grueso	Spessore
Largo	Lungo
Marrón	Marrone
Negro	Nero
Ondulado	Ondulato
Plata	Argento
Rizado	Riccio
Rizos	Riccioli
Rubio	Biondo
Saludable	Sano
Seco	Asciutto
Suave	Morbido
Trenzado	Intrecciato
Trenzas	Trecce

Enhorabuena

Lo has conseguido!

Esperamos que hayas disfrutado de este libro tanto como nosotros al diseñarlo. Nos esforzamos por crear libros de la máxima calidad posible.
Esta edición está diseñada para proporcionar un aprendizaje inteligente, de calidad y divertido!

¿Te ha gustado este libro?

Una Petición Sencilla

Estos libros existen gracias a las reseñas que se publican.
¿Podrías ayudarnos dejando una reseña ahora?
Aquí tienes un breve enlace a la página de reseñas

BestBooksActivity.com/Opiniones50

¡DESAFÍO FINAL!

Reto n°1

¿Estás listo para tu juego gratis? Los utilizamos siempre, pero no son tan fáciles de encontrar. ¡Aquí están los **Sinónimos!**

Escribe 5 palabras que hayas encontrado en los rompecabezas (#21, #36, #76) y trata de encontrar 2 sinónimos para cada palabra.

Escriba 5 palabras del **Puzzle 21**

Palabras	Sinónimo 1	Sinónimo 2

Escriba 5 palabras del **Puzzle 36**

Palabras	Sinónimo 1	Sinónimo 2

Escriba 5 palabras del **Puzzle 76**

Palabras	Sinónimo 1	Sinónimo 2

Reto n°2

Ahora que te has calentado, escribe 5 palabras que hayas encontrado en los Puzzles 9, 17 y 25 e intenta encontrar 2 antónimos para cada palabra. ¿Cuántos puedes encontrar en 20 minutos?

Escriba 5 palabras del **Puzzle 9**

Palabras	Antónimo 1	Antónimo 2

Escriba 5 palabras del **Puzzle 17**

Palabras	Antónimo 1	Antónimo 2

Escriba 5 palabras del **Puzzle 25**

Palabras	Antónimo 1	Antónimo 2

Reto n°3

¡Genial! Este desafío final no es nada para ti.

¿Preparado para el reto final? Elige 10 palabras que hayas descubierto en los diferentes rompecabezas y escríbelas a continuación.

1.	6.
2.	7.
3.	8.
4.	9.
5.	10.

Ahora escribe un texto pensando en una persona, un animal o un lugar que te guste.

Puedes usar la última página de este libro como borrador.

Tu Composición:

CUADERNO DE NOTAS :

HASTA PRONTO !

Todo el Equipo

DESCUBRA JUEGOS GRATIS

GO

↓

BESTACTIVITYBOOKS.COM/FREEGAMES